もくじ

東京書籍版 社会地理

JN085509

テストの範囲や学習予定日をかこう!

	学習計画	
	出題範囲	学習予定日
	5/14	5/10
テストの日		5/11

	教科書ページ	この本のページ		学習計画	
		ココが要点	予想問題	出題範囲	学習予定日
第1編 世界と日本の姿					
第1章 世界の姿	8〜17	2〜3	4〜5		
第2章 日本の姿	20〜23	6	7		
	24〜29	8	9		
第2編 世界のさまざまな地域					
第1章 世界各地の人々の生活と環境	36〜41	10	11		
	42〜47	12	13		
	48〜51	14〜15	16〜17		
第2章 世界の諸地域					
1節 アジア州	58〜65	18〜19	20〜21		
	66〜69	22	23		
2節 ヨーロッパ州	76〜83	24〜25	26〜27		
3節 アフリカ州	90〜95	28	29		
4節 北アメリカ州	102〜109	30〜31	32〜33		
5節 南アメリカ州	116〜121	34	35		
6節 オセアニア州	128〜133	36	37		
第3編 日本のさまざまな地域					
第1章 地域調査の手法	142〜155	38〜39	40〜41		
第2章 日本の地域的特色と地域区分	158〜161	42	43		
	162〜165	44	45		
	168〜169	46	47		
	170〜173	48	49		
	174〜177	50	51		
第3章 日本の諸地域					
1節 九州地方	186〜193	52	53		
2節 中国・四国地方	198〜205	54	55		
3節 近畿地方	210〜217	56	57		
4節 中部地方	222〜229	58〜59	60〜61		
5節 関東地方	234〜241	62〜63	64〜65		
6節 東北地方	246〜253	66	67		
7節 北海道地方	258〜265	68	69		
第4章 地域の在り方	270〜281	70	71		
特集 時差	22〜23	—	72		

🖉 **解答と解説** ……… 別冊

🖉 **ふろく** テストに出る! **5分間攻略ブック** ……… 別冊

写真提供：アフロ

第1編 世界と日本の姿

第1章 世界の姿

 満点ミッション

❶三大洋
太平洋，大西洋，インド洋の順に広い。

❷六大陸
ユーラシア大陸が世界最大の大陸，オーストラリア大陸が世界最小の大陸。

❸太平洋
三大洋の中で最も広い海洋。すべての陸地を合わせた面積よりも広い。

❹ユーラシア大陸
アジア州・ヨーロッパ州が属する。

❺ヨーロッパ州
ユーラシア大陸の西側の地域。

❻アジア州
ユーラシア大陸の東側の地域。さらに5つの地域に分けられる。

❼オセアニア州
オーストラリアやニュージーランドなどがふくまれる。

❽東アジア
日本や中国，モンゴルなどがふくまれる。

❾国境
国と国の境界。

❿人口密度
1km²あたりの人口（人/km²）。

テストに出る！ **ココが要点** 解答 p.1

1 地球の姿を見てみよう 　教 p.8〜p.9

▷ 地球の表面は陸地と海洋に分かれる。

● 約7割が海洋，約3割が陸地。海洋の割合が高い「水の惑星」。

▷ 海洋は（❶　　　　　　　）大洋，陸地は（❷　　　　　　　）大陸から成る。

● 海洋は（❸　　　　　　　），大西洋，インド洋。

● 大陸は（❹　　　　　　　）大陸，アフリカ大陸，北アメリカ大陸，南アメリカ大陸，オーストラリア大陸，南極大陸。

▷ 世界の国と地域は，6つの州に分けられる。

▼世界の州区分

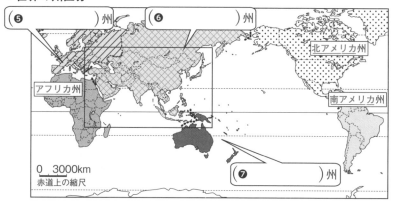

（❺　　　　　　）州　（❻　　　　　　）州　北アメリカ州　アフリカ州　南アメリカ州　0　3000km　赤道上の縮尺　（❼　　　　　）州

● アジア州はさらに（❽　　　　　　　），東南アジア，南アジア，西アジア，中央アジアに分かれる。

2 世界のさまざまな国々 　教 p.10〜p.13

▷ 世界には190余りの国がある。

▷ （❾　　　　　　　）には，主に次の2つの決め方がある。

● 山や川などを利用して決められた国境線。

● 緯線や経線を利用して直線的に決められた国境線。

▷ 国のすべてが海に囲まれている国を海洋国（島国），海に面している部分がない国を内陸国という。

▷ 面積が世界最大の国はロシア，最小の国はバチカン市国。バチカン市国はイタリアの首都ローマ市内にある。

▷ 世界で最も人口が多い国は中華人民共和国（中国）。

▷ 人口を面積で割った値を（❿　　　　　　　）という。

3 地球上の位置を表そう　　　　　　　　　教 p.14〜p.15

▶　地球上の位置は，<u>緯度</u>と(**⑪**　　　　　　)を使って表すことができる。

▼緯度・緯線　　　　　　　　　　▼経度・経線

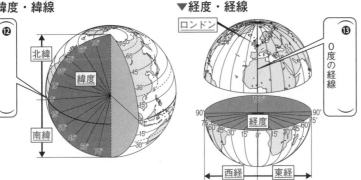

●(**⑭**　　　　　　)は，赤道を0度とし，地球を南北に90度ずつに分ける。同じ緯度を結んだ線を(**⑮**　　　　　)という。

●経度は，経度0度の<ruby>本初子午線<rt>ほんしょしごせん</rt></ruby>を基準の(**⑯**　　　　　)とし，地球を東西に180度ずつに分けている。

●赤道より北は<u>北半球</u>，赤道より南は(**⑰**　　　　　)という。

●ある地点から，地球の中心を通る線をのばして，地球上の正反対にあたった地点を<ruby>対蹠点<rt>たいせきてん</rt></ruby>という。

▶　高緯度地域では，夏に夜でも明るいままの<u>白夜</u>が見られる。

●冬には，昼でも薄暗い<u>極夜</u>とよばれる現象が見られる。

4 地球儀と世界地図を比べてみよう　　　　　教 p.16〜p.17

▶　地球の形をほぼ正確に表した模型が(**⑱**　　　　　　)。

●球体の地球を平面上に正しく表すことはできないため，用途に合わせた(**⑲**　　　　　)が作られた。

◇緯線と経線が直角に交わった地図…赤道からはなれるほど，実際の面積よりも大きくなる。

◇中心からの(**⑳**　　　　　)と方位が正しい地図…中心からはなれるほど，陸地の形がゆがむ。

◇面積が正しい地図…赤道からはなれるほど，陸地の形がゆがむ。

▼16方位

▶　方位…東西南北。8方位は，東西南北に<u>北東</u>，<u>南東</u>，<u>南西</u>，<u>北西</u>を加えたもの。16方位はさらに細かく分けられる。

満点★ミッション

⑪<u>経度</u>
本初子午線より東を<ruby>東経<rt>とうけい</rt></ruby>，西を<ruby>西経<rt>せいけい</rt></ruby>という。

⑫<u>赤道</u>
0度の緯線。エクアドルなどを通る。

⑬<u>本初子午線</u>
0度の経線。イギリスのロンドンを通る。

⑭<u>緯度</u>
北半球の緯度を<ruby>北緯<rt>ほくい</rt></ruby>，南半球の緯度を<ruby>南緯<rt>なんい</rt></ruby>という。北極点・南極点の緯度は90度。

⑮<u>緯線</u>
赤道に平行に引く線。南北に90度ずつ。

⑯<u>経線</u>
北極点と南極点とを結ぶ線。東西に180度ずつ。

⑰<u>南半球</u>
赤道より南の半球。アフリカ大陸の一部，オーストラリア大陸，南アメリカ大陸の一部，南極大陸がある。

⑱<u>地球儀</u>
地球を縮めた模型。地球の形や陸地と海洋の位置関係などが正しく表される。

⑲<u>世界地図</u>
地球全体を平面で表した地図。正しくえがかれた要素以外は，正確に表されていない。

⑳<u>距離</u>
2地点間の長さ。

テストに出る!

予想問題　第1章 世界の姿

⏱ 30分

/100点

1 次の地図を見て，あとの問いに答えなさい。　　5点×4〔20点〕

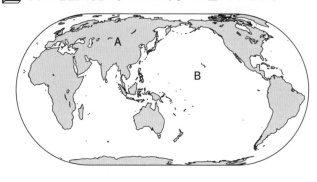

グラフ　陸地と海洋の割合

陸地 28.9%　海洋 71.1%

地球の総面積 5.1億km²

太平洋 32.6%
大西洋 17.0
インド洋 14.4
(その他の海洋)

(1) Aの大陸名を書きなさい。　　（　　　　　　）

(2) 三大洋のうち，最も面積が広いBの海洋を何といいますか。　（　　　　　　）

📝記述 (3) 地球が「水の惑星」とよばれている理由を，右の**グラフ**を参考にして，「海洋」「陸地」の語句を用いて，簡単に書きなさい。

（　　　　　　　　　　　　　　　　　　　　　　　　　）

(4) 日本と同じくアジア州に属している国々を，次から選びなさい。　（　　　　）

ア イギリス，バチカン市国，モナコ　　イ 中国，モンゴル，イラン，インド

ウ オーストラリア，ツバル，サモア　　エ チリ，コロンビア，エクアドル

2 右の地図を見て，次の問いに答えなさい。　　5点×6〔30点〕

(1) 次の文は，右の地図中のA〜Dの国について説明したものです。A〜Dにあてはまる国名をそれぞれ書きなさい。

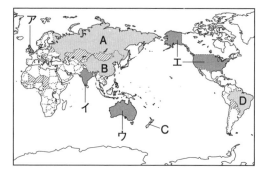

A 日本の約45倍の国土面積をもつ，世界で最も面積の広い国。（　　　　　　）

B 14億人をこえる，世界でも特に人口が多い国。（　　　　　　）

C オセアニア州に属し，日本と同じように海洋に囲まれた島国。（　　　　　　）

D 地球上で，日本のほぼ正反対にある国。（　　　　　　）

よく出る (2) 地図中の▨の国々は，海と接している部分がない国々です。このような国を何といいますか。（　　　　　　）

(3) 右のユニオンジャックを国旗としている国を，地図中のア〜エから選びなさい。（　　　）

ちょっとひといき　授業で出てきた国がどこにあるか，世界地図で確認しておこう!

3 右の地図を見て，次の問いに答えなさい。　5点×4〔20点〕

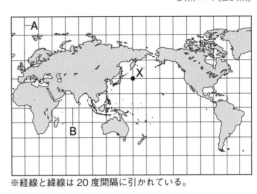

※経線と緯線は 20 度間隔に引かれている。

よく出る (1)　地図中のAの経線は経度０度の経線です。この線を何といいますか。（　　　　）

(2)　(1)の経線が通る，イギリスの首都を次から選びなさい。（　　）

ア　パリ　　イ　ロンドン
ウ　ローマ　　エ　ベルリン

よく出る (3)　地図中のBの緯線は緯度０度の緯線です。この線を何といいますか。（　　　　）

(4)　地図中のX地点の対蹠点（たいせきてん）を，次から選びなさい。（　　）

ア　南緯20度，西経20度　　イ　南緯20度，西経160度
ウ　南緯40度，西経20度　　エ　南緯40度，西経160度

4 右の地図を見て，次の問いに答えなさい。　5点×6〔30点〕

図１　中心からの距離と方位が正しい地図

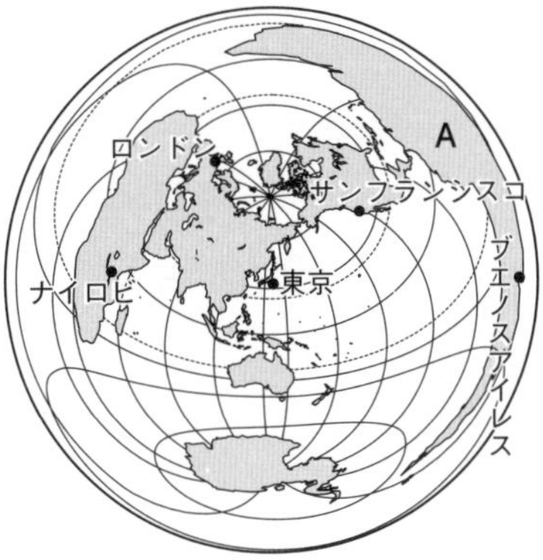

図２　緯線と経線が直角に交わった地図

(1)　**図１**は，東京（とうきょう）を中心とした地図です。東京から見て，ロンドンはどちらの方位にありますか。８方位で書きなさい。（　　　　）

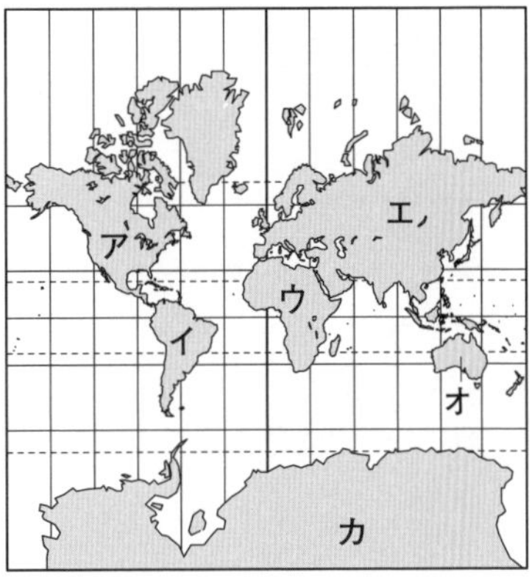

(2)　東京から東に進んだとき，最初に到着する大陸はどこですか。（　　　　）

(3)　**図１**中の４つの都市のうち，東京からの距離（きょり）が最も遠い都市を選びなさい。（　　　　）

(4)　**図１**中の**A**の大陸を，**図２**中の**ア**～**カ**から選びなさい。（　　）

(5)　地球全体の形や陸地と海洋の位置関係などがすべて正しく表されている，地球をほぼそのまま縮めた模型（もけい）を何といいますか。（　　　　）

図３

(6)　**図３**の地図が正しく表しているものを，次から選びなさい。（　　）

ア　面積　　イ　距離　　ウ　方位　　エ　形

ちょっとひといき　赤道の位置は意外と迷いやすい！　目に焼きつけておこう！

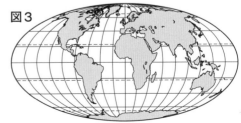

第2章 日本の姿①

❶日本列島
北海道，本州，四国，九州の4つの大きな島と，その周辺の島々から成る。

❷ヨーロッパ州
ユーラシア大陸の西部に広がる。

❸ユーラシア大陸
面積が世界最大の大陸。

❹海洋国（島国）
周囲を海で囲まれ，他の国と陸地で接していない国。

❺標準時子午線
その国の時刻を決める基準となる経線。

❻明石市
瀬戸内海に面している都市。

❼東経135度
日本の時刻を決める基準となる経線の経度。

❽時差
時刻の差。

❾経度15度
地球の1周は360度なので，360（度）÷24（時間）で求められる。

❿日付変更線
ほぼ経度180度の経線に沿って引かれている。

テストに出る！ ココが要点　解答 p.2

1 日本の位置　教 p.20〜p.21

▷ （❶　　　　　）列島は東経122度から154度，北緯20度から46度までの間に位置している。

●日本とほぼ同緯度にある国は，中国，エジプト，イタリアなど。
◇（❷　　　　　）州の多くの国は，北海道よりも高緯度に位置している。

●アフリカ大陸の北端は関東地方，サハラ砂漠の中央部は沖縄とほぼ同緯度に位置している。

▷ 日本は，中国や韓国の近くにあり，（❸　　　　　）大陸の東に，太平洋の北西部に位置する（❹　　　　　）（島国）。

▷ オーストラリアから見て，日本は北の方角に位置する。

2 日本と世界との時差　教 p.22〜p.23

▷ 世界各国の標準時は，（❺　　　　　）（基準とする経線）によって決められている。

●日本の標準時子午線は，兵庫県（❻　　　　　）市を通る（❼　　　　　）度の経線。国内で一つの標準時を使っている。

●アメリカやロシアなど国土が東西に長い国では，標準時が複数あることもある。

▷ （❽　　　　　）…標準時の経度が異なる場合に生じる時刻の差。

▷ 経度（❾　　　　　）度につき，1時間の時差が生まれる。

▼世界の等時帯と日本との時差

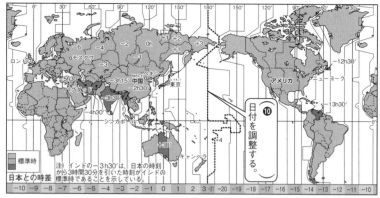

▷ 同じ標準時を用いる地域を等時帯という。

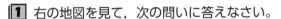

テストに出る！

予想問題 ## 第2章 日本の姿①

⏱ **30分**

/100点

1 右の地図を見て，次の問いに答えなさい。　　　　10点×5〔50点〕

(1) 地図は，日本と同緯度・同経度の位置を表したものです。日本の位置を示す**A**，**B**にあてはまる語句を，それぞれ書きなさい。

A （　　　　　　　　　）

B （　　　　　　　　　）

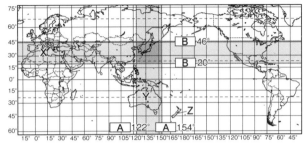

(2) 次の国名を，□□□からそれぞれ選びなさい。

① （　　　　　　　　　） ② （　　　　　　　　　）

① 日本と同緯度にある**X**の国

② 日本と同経度にある**Y**の国

| オーストラリア　　イタリア　　ロシア　　イギリス |

よく出る (3) 日本や**Z**の国のように，海に囲まれた国を何といいますか。

（　　　　　　　　　）

2 右の地図を見て，次の問いに答えなさい。　　　　10点×5〔50点〕

よく出る (1) ロンドンを通る，経度0度の経線を，特に何といいますか。

（　　　　　　　　　）

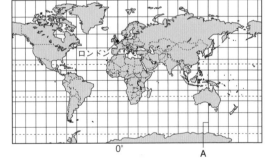

よく出る (2) 日本の標準時子午線となっている，兵庫県の明石市を通る**A**の経線の経度は何度ですか。次から選びなさい。

（　　　　）

ア 東経35度　　イ 東経135度　　ウ 西経35度　　エ 西経135度

(3) 1時間の時差は，経度何度につき生じますか。　　（　　　　　　　　　）

(4) ロンドンを通る経度0度の経線を標準時子午線とするイギリスと日本について，次の問いに答えなさい。

① イギリスと日本の時差を，計算して書きなさい。　　（　　　　　　　　　）

② 日本が1月1日12時(午後0時)のとき，ロンドンは何時ですか。次から選びなさい。

（　　　　　　　　　）

ア 1月1日21時(午後9時)　　イ 1月2日21時(午後9時)

ウ 1月1日3時　　　　　　　　エ 1月2日3時

第2章 日本の姿②

満点★ミッション

テストに出る！ ココが要点　解答 p.2

❶**日本列島**
日本は周囲を海に囲まれた海洋国（島国）である。

❷**領域**
国の主権がおよぶ範囲。

❸**12海里**
日本の領海の範囲。1海里＝1852mであるので，約22km。

❹**排他的経済水域**
多くの離島があるため，日本の排他的経済水域は領土面積の10倍以上になっている。

❺**200海里**
約370km。

❻**北方領土**
北海道の北東にある，日本固有の領土。

❼**都道府県**
地方の政治を行うための基本の単位。

❽**近畿**
滋賀県・三重県・京都府・奈良県・大阪府・和歌山県・兵庫県が属する。

❾**東北**
青森県・秋田県・岩手県・山形県・宮城県・福島県が属する。

❿**県庁所在地**
都道府県庁・都道府県議会などが置かれている。

1 日本の領域の特色　教 p.24～p.25

▶ （❶　　　　　　）**列島**は，北海道，本州，四国，九州の4つの島と，その周辺の伊豆諸島や小笠原諸島などの多くの島々から成る。

● 日本の国土面積は**約38万km²**で，南北に約3000kmにわたってのびている。

▶ （❷　　　　　　）は，**領土・領海・領空**から成る。

● 領海は沿岸から（❸　　　　）**海里**以内，領海と領土の上空が領空。

▶ （❹　　　　　　）…領海の外側で，水産資源や鉱産資源を沿岸国が独占的に調査したり開発したりできる水域。沿岸から（❺　　　　　）**海里**以内の水域。

▶ 日本の北端の島は択捉島，東端は南鳥島，南端は沖ノ鳥島，西端は与那国島。

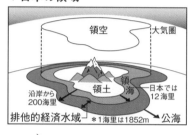
▼日本の領域

2 北方領土・竹島と尖閣諸島　教 p.26～p.27

▶ **竹島**…**島根県**に属する。**韓国**が不法に占拠している。

▶ （❻　　　　　　）…歯舞群島，色丹島，国後島，択捉島から成る。現在は**ロシア**が不法に占拠している。

▶ **尖閣諸島**…**沖縄県**。日本が実効支配。**中国**が領有権を主張。

3 日本の都道府県　教 p.28～p.29

▶ （❼　　　　　　）…1都1道2府43県（47都道府県）。

● 都道府県は，**九州**，**中国・四国**，（❽　　　），**中部**，**関東**，（❾　　　　），**北海道**の7地方に分けられる。

● 都道府県庁が置かれている都市を，（❿　　　　　　）という。

▼都道府県と県庁所在地

■…道県庁所在地名と名前が異なる道県名（道県庁所在地名）

ココが要点の答えになります。

テストに出る！

予想問題 第2章 日本の姿②

⏱30分

/100点

1 右の地図を見て，次の問いに答えなさい。 10点×5〔50点〕

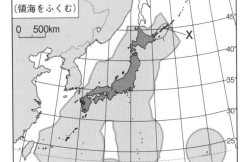

よく出る (1) Xは，現在ロシア連邦に不法に占拠されています。この島々を何といいますか。

（　　　　　　　　）

(2) Yは，日本の南端の島です。この島を何といいますか。 （　　　　　　　　）

(3) Zについて，次の問いに答えなさい。

① 領海を除いた，Zにあてはまる水域を何といいますか。 （　　　　　　　　）

② ①の水域について述べた文としてあてはまるものを，次から選びなさい。 （　　）

ア ①の水域は日本の領域の一部として認められる。

イ ①の水域の水産資源や鉱産資源を日本が独自に開発することができる。

ウ ①の水域は，どの国のものでもなく，自由な航行や漁ができる。

記述 ③ ①の水域は，日本の国土面積に比べ，とても広くなっています。その理由を簡単に書きなさい。

（　　　　　　　　　　　　　　　　　　　　　　　　　　　）

2 右の地図を見て，次の問いに答えなさい。 10点×5〔50点〕

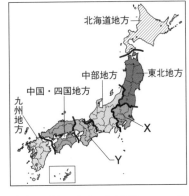

(1) 現在，日本に都道府県はいくつありますか。

（　　　　　　　　）

(2) X，Yにあてはまる地方名を，それぞれ書きなさい。

X（　　　　　　　　）

Y（　　　　　　　　）

(3) 中部地方をさらに細かく分類したとき，日本海側に面している地域を何といいますか。

（　　　　　　　　）

(4) 中国・四国地方にふくまれる県のうち，県名と県庁所在地名の組み合わせが誤っているものを，次から選びなさい。 （　　）

ア 鳥取県−鳥取市　　イ 岡山県−岡山市

ウ 香川県−高松市　　エ 愛媛県−松江市

第1章 世界各地の人々の生活と環境①

テストに出る！ ココが要点

解答 p.3

1 雪と氷の中で暮らす人々 教 p.36〜p.37

▷ 北極や南極に近く，一年の大半が雪や氷におおわれている地域は（**❶**　　　　　）に属している。

● 高緯度に広がる寒帯では，冬には太陽がのぼらない極夜，夏には夜でも暗くならない（**❷**　　　　　）が見られる。

▷ （**❸**　　　　　）とよばれる人々…かつて，冬はドーム型のイグルーに住んで，狩りを行い，夏はテントでカリブーを追う生活をしていた。食事の中心は，魚やあざらしなどの肉。

● 近年，イヌイットは町に定住するようになっている。

2 寒暖の差が激しい土地に暮らす人々 教 p.38〜p.39

▷ ユーラシア大陸や北アメリカ大陸で，寒帯より南の地域には，夏と冬の気温差が大きい（**❹**　　　　　）が広がる。

▷ シベリアには，（**❺**　　　　　）とよばれる針葉樹の森林が広がる。シベリア南部には，広葉樹が混じる森林も見られる。

● タイガの下には，（**❻**　　　　　）とよばれる一年中こおったままの土がある。近年，夏にとけ，問題になっている。

▷ シベリアの人々の主食は，（**❼**　　　　　）のパン，じゃがいもなど。

▷ 都市では，多くの人々がコンクリート製のマンションに住む。休日は，郊外の小さな家（ダーチャ）で過ごす。

● タイガの樹木が切られる…動物のすみかが失われたり，樹木の育たない湿地が増えたりするという問題が起こっている。

3 温暖な土地に暮らす人々 教 p.40〜p.41

▷ 南極大陸を除く5つの大陸の沿岸部を中心に，1年を通して温暖で雨が降る（**❽**　　　　　）が広がる。

● 地中海周辺は，冬に雨が降り，夏は雨が少なく乾燥する。このような気候を（**❾**　　　　　）気候という。

▷ 石で造られ，窓が小さい住居…強い日差しを防ぐための工夫。

▷ 地中海沿岸では，夏の暑く乾燥した気候に合った，ワインの原料となるぶどう，オリーブオイルが採れる（**❿**　　　　　），トマトなどが栽培されている。

満点★ミッション

❶寒帯
ツンドラ気候と氷雪気候に分けられる。

❷白夜
北緯66.6度より北で，夏至を中心とした期間に見られる現象。

❸イヌイット
カナダ北部に暮らす先住民族。

❹冷帯（亜寒帯）
短くて暑い夏と，長くて寒さの厳しい冬のある気候帯。

❺タイガ
冷帯に広がる，もみ・からまつから成る針葉樹林帯。

❻永久凍土
シベリアにあるこおったままの土地。とかさないよう，高床の建物が見られる。

❼ライ麦
寒さに強い麦。実は黒パンの原料となる。

❽温帯
日本の大部分が属する気候帯。

❾地中海性気候
温帯のうち，主に地中海周辺で見られる。

❿オリーブ
地中海地方を原産とする。オリーブオイルはオリーブの実からつくられる。

テストに出る！

予想問題　第1章 世界各地の人々の生活と環境①

⏰ 30分

/100点

1 次の問いに答えなさい。　　　　　　　　　　　　　10点×4〔40点〕

(1) カナダの北部に住む先住民族を何といいますか。　　　（　　　　　　　　）

(2) 写真**A・B**の移動手段を
それぞれ書きなさい。

　　A（　　　　　　　）

　　B（　　　　　　　）

(3) (1)の現在の生活の様子と
してあてはまるものを，次
から選びなさい。　　　　　　　　　　　　　　　　　（　　　）

　ア　夏は，あざらしの皮で作ったテントに住む。

　イ　冬は，雪を固めて作ったイグルーに住む。

　ウ　町に定住し，暖房のある住居に住む。

　エ　クジラの骨や流木で作ったテントに住む。

2 右の雨温図を見て，次の問いに答えなさい。　　　10点×6〔60点〕

よく出る

(1) 次の気候帯の雨温図を，右から
それぞれ選びなさい。

　① カナダ北部の寒帯　（　　　）

　② イタリアが属する温帯

　　　　　　　　　　　（　　　）

　③ シベリアが属する冷帯（亜寒
　　帯）　　　　　　　（　　　）

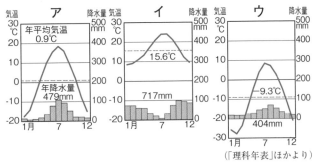

（「理科年表」ほかより）

(2) シベリアのタイガの下に広がる，一年中こおったままの土を何といいますか。

　　　　　　　　　　　　　　　　　　　　　　（　　　　　　　　　）

(3) 地中海周辺の国々は，温帯の中でも何という気候に属して
いますか。

　　　　　　　　　　　　　（　　　　　　　　　）

記述 (4) 右の写真は，イタリアの石を材料にした住居です。小さな
窓の造りになっているのはなぜですか。気候の特徴を参考に
して，簡単に書きなさい。

（　　　　　　　　　　　　　　　　　　　　　　　　　　　）

第2編 世界のさまざまな地域

第1章 世界各地の人々の生活と環境②

テストに出る！ **ココが要点** 解答 p.3

解答 p.3

1 乾燥した土地に暮らす人々　教 p.42〜p.43

▶ アフリカ北部やアラビア半島などには，雨が少なく，乾燥する（❶　　　　　　）が広がる。

● 砂漠では，水を得やすい（❷　　　　　　）に人々が集まっている。

▶ サハラ砂漠の南には，（❸　　　　　　）とよばれる地域が広がり，羊ややぎの遊牧が行われてきた。また，（❹　　　　　　）農業も行われてきた。

● 土地を休ませずに耕作や放牧を続けたり，たきぎを切りすぎたりしたため，（❺　　　　　　）化が進行。

2 常夏の島で暮らす人々　教 p.44〜p.45

▶ 赤道付近やその周辺には，1年を通して高温で，気温の変化が小さい（❻　　　　　　）が広がっている。

● 赤道付近には，熱帯雨林が分布している。

　◇河口や入り江の周辺には（❼　　　　　　）が広がる。

　◇沿岸の浅い海には（❽　　　　　　）礁が見られる。

▶ **サモア**では，タロいもを主食とし，ココやし・バナナなどを作っている。

▶ 伝統的な住居はやしの葉などの屋根と木の支柱だけでできており，かべがない。風通しがよく，過ごしやすい。

▶ 伝統的な文化・自然を守りながら，持続可能な開発をどのように進めていくかが課題。

3 標高の高い土地に暮らす人々　教 p.46〜p.47

▶ 一般的に，（❾　　　　　　）が高くなると，気温は下がる。

● 高山地域に特有の気候を，（❿　　　　　　）気候という。

▶ 南アメリカ大陸の西部には，**アンデス山脈**が連なる。

● **リャマ**や**アルパカ**などの家畜の放牧。

● 日干しれんがや石で造られた住居よりも標高が低いところでは，じゃがいもやとうもろこしの栽培が行われている。

▶ 昼と夜の寒暖差が大きいため，寒さを防ぎぬぎ着しやすいアルパカの毛で作ったポンチョや帽子を身に着けている。

満点★ミッション

❶ 乾燥帯
　砂漠気候とステップ気候に分けられる気候帯。

❷ オアシス
　砂漠の中で，地下水がわき，井戸などで水が得られる場所。

❸ サヘル
　サハラ砂漠の南の地域。アラビア語で「岸辺」という意味。

❹ 焼畑農業
　草原を焼きはらって畑をつくり，灰を肥料とする農業。

❺ 砂漠化
　草も育たないやせた土地になること。

❻ 熱帯
　熱帯雨林気候とサバナ気候に分けられる気候帯。

❼ マングローブ
　海水が入りこむような河口に育つ広葉樹。

❽ さんご礁
　さんごや生物の死骸が積み重なってできた地形。

❾ 標高
　土地の高さ。アンデス山脈では，標高4000mの所に住居がある。

❿ 高山気候
　同緯度でも標高が低い地域より気温が低い。

テストに出る！

予想問題

第1章 世界各地の人々の生活と環境②

⏱30分

/100点

1 右の雨温図を見て，次の問いに答えなさい。

10点×6〔60点〕

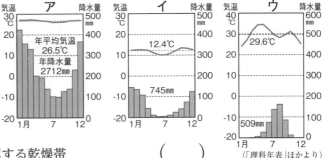

よく出る (1) 次の気候帯の雨温図を，右からそれぞれ選びなさい。

① アンデス山脈中のクスコが属する高山気候 （ 　 ）

② 南太平洋の島サモアが属する熱帯 （ 　 ）

③ サハラ砂漠の南のサヘルが属する乾燥帯 （ 　 ）

(2) サヘルなどの乾燥地域で行われている，草や水を求めて移動しながら羊ややぎなどの家畜を飼育する農業を何といいますか。 （ 　 　 　 　 ）

(3) サヘルの主食を，次から選びなさい。 （ 　 ）

ア タロいも　イ カリブーの肉　ウ ライ麦で作ったパン　エ ひえ，もろこし

(4) サモアの伝統的な住居の特徴を，次から選びなさい。 （ 　 ）

ア 永久凍土がとけないように，高床の住居。　イ ドーム型のイグルー。

ウ 風通しをよくするため，かべがない。　エ 石造りで，窓が小さい。

2 右の資料を見て，次の問いに答えなさい。

10点×4〔40点〕

(1) 資料1中のAの家畜を，次から選びなさい。 （ 　 ）

ア ラクダ　　　　　イ にわとり・豚

ウ リャマ・アルパカ　エ 羊・やぎ

(2) 資料1中のBの作物を，次から選びなさい。

ア マンゴー　イ いも類 （ 　 ）

ウ ぶどう　エ 米

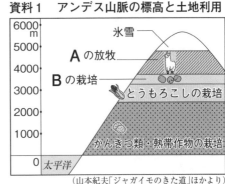

資料1　アンデス山脈の標高と土地利用

氷雪

Aの放牧

Bの栽培

とうもろこしの栽培

かんきつ類・熱帯作物の栽培

太平洋

（山本紀夫「ジャガイモのきた道」ほかより）

(3) アンデス山脈の標高4000m付近の住居に使われている材料を，次から選びなさい。 （ 　 ）

ア 日干しれんが　イ やしの葉　ウ 木　エ 竹

資料2

記述 (4) 資料2は，ペルーなどのアンデスの高地で暮らしている人々が着ているポンチョです。この服装は，どのような気候に対応するためですか。簡単に書きなさい。

（ 　 　 　 　 　 　 　 ）

ちょっとひといき　暑いから半袖の服を着る…自然は文化や産業と深くかかわっているよ！

第2編 世界のさまざまな地域

第1章 世界各地の人々の生活と環境③

満点★ミッション

テストに出る！ **ココが要点** 解答 p.4

1 世界に見られるさまざまな気候

教 p.48〜p.49

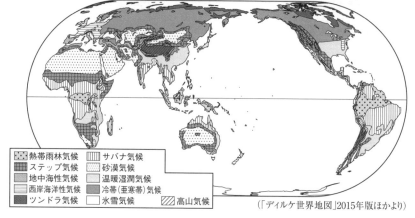

熱帯雨林気候	サバナ気候
ステップ気候	砂漠気候
地中海性気候	温暖湿潤気候
西岸海洋性気候	冷帯(亜寒帯)気候
ツンドラ気候	氷雪気候 / 高山気候

(「ディルケ世界地図」2015年版ほかより)

❶ツンドラ気候
カナダ北部のイヌイットが暮らす地域などに見られる気候。

❷冷帯(亜寒帯)
ユーラシア大陸，北アメリカ大陸の北部や，北海道の気候帯。

❸温暖湿潤気候
日本が属する気候。

❹地中海性気候
地中海周辺などに見られる気候。

❺西岸海洋性気候
ユーラシア大陸の西岸などに見られる気候。

❻乾燥帯
中緯度地域に見られる，雨の少ない気候帯。

❼ステップ気候
サヘル(サハラ砂漠の南に広がる地域)などに見られ，たけの短い草原が広がる気候。

❽熱帯
サモアなどが属する，赤道周辺に見られる気候帯。

❾サバナ気候
ケニアなど，雨季と乾季のある熱帯の気候。

❿高山気候
アンデス山脈やヒマラヤ山脈の高地で見られる気候。

▷ 世界は5つの「気候帯」に分けられ，季節ごとの気温の変化などにより，さらに細かい「気候区」に分けられる。

▷ 寒帯…一年中寒い気候。

● 氷雪気候…一年中雪や氷でおおわれている。

● (**❶**　　　　)気候…短い夏に草やこけが生える。

▷ (**❷**　　　　)帯(亜寒帯)…冬の寒さがとても厳しい気候。夏には気温が上がるため，針葉樹の森林が広がる。

▷ 温帯…はっきりとした季節がある気候。

● (**❸**　　　　)気候…年間の降水量が多く，季節の変化がはっきりしている。

● (**❹**　　　　)気候…夏に乾燥し，冬に雨が降る。

● (**❺**　　　　)気候…1年を通して雨が降る。

▷ (**❻**　　　　)帯…1年を通して雨がとても少ない。

● 砂漠気候…1年を通して雨がほとんど降らない。

● (**❼**　　　　)気候…雨の降る季節がわずかにある。

▷ (**❽**　　　　)帯…1年を通して気温が高い。

● 熱帯雨林気候…一年中雨が降り，うっそうとした森林が広がる。

● (**❾**　　　　)気候…雨の少ない季節(乾季)と雨の多い季節(雨季)があり，まばらな樹木とたけの長い草原が広がる。

▷ (**❿**　　　　)気候…標高が高い高山地域で見られる，同緯度の低地よりも気温が低い気候。

2 人々の生活に根付く宗教　教 p.50〜p.51

▶ 三大宗教…世界的な規模で広がっている3つの宗教。

- (⓫　　　　　　　) 教…「<u>経</u>」を教典とする。
- (⓬　　　　　　　) 教…「<u>聖書</u>」を教典とする。
- (⓭　　　　　　　) 教…「<u>コーラン</u>」を教典とする。
- ほかにも，インドで主に信仰されている (⓮　　　　　　　)
  教やユダヤ教などのように，特定の民族や地域と結び付いている宗教もある。
- 宗教は，衣食住などの生活様式や，行事，考え方などに影響。

▶ キリスト教を信仰する人々は，神と他者への愛を重視する。

- 日曜日には教会に行き，食事の前にはいのりをささげる。

▶ イスラム教を信仰する人々は，1日5回，聖地の (⓯　　　　　　　) に向かっていのる。

▼イスラム教のいのり

- <u>モスク</u>とよばれる寺院に集まっていのりをささげる。
- 飲酒や (⓰　　　　　　　) を食べることは禁止。
  - ◇このような決まりを守った料理には，(⓱　　　　　　　) とよばれるマークが付けられる。
- 寄付や<u>断食</u>など，日常生活の決まりを守って生活している。

▶ <u>仏教</u>は，(⓲　　　　　　　) <u>仏教</u>と (⓳　　　　　　　) <u>仏教</u>に分けられる。

- 大乗仏教は，チベットから日本にかけて広がった。
- 上座部仏教は，スリランカや東南アジアに広がった。
  - タイでは，上座部仏教が信仰されており，日常的に僧侶への寄付が行われている。

▶ ヒンドゥー教は<u>インド</u>で80%以上の人々が信仰している。

- <u>牛</u>は神の使いとされ，この宗教を信仰する人は牛肉を食べない。
- 殺生をきらうため，肉や魚を食べない人も多い。
- 聖なる川である (⓴　　　　　　　) <u>川</u>には，沐浴のため巡礼者が多く訪れる。

▶ 日本では，神道・仏教・キリスト教など，さまざまな宗教と結び付いた行事が行われている。

満点★ミッション

⓫仏教
紀元前6世紀頃にインドに生まれたシャカ(釈迦)が開いた。

⓬キリスト教
紀元前後にパレスチナ地方に生まれたイエスが開いた。

⓭イスラム教
6世紀のアラビア半島に生まれたムハンマドが開いた。

⓮ヒンドゥー教
インドの民族宗教。カーストとよばれる厳しい身分制度がとられてきた。

⓯メッカ
西アジアのサウジアラビアにある聖地。

⓰豚肉
イスラム教において，豚は不浄な生き物とされている。

⓱ハラル
イスラム教徒が安心して食べられる食品につけるマーク。

⓲大乗仏教
すべての人が救われるという信仰に基づく仏教。

⓳上座部仏教
修行を積んだ僧侶のみが救われるという信仰に基づく仏教。

⓴ガンジス川
インド北部を流れる。ヒンドスタン平原を流れ，ベンガル湾に注ぐ。

テストに出る！
予想問題　**第1章 世界各地の人々の生活と環境③**　⏱30分　/100点

1 次の写真を見て，あとの問いに答えなさい。　5点×5〔25点〕

(1) 写真A〜Cの説明文としてあてはまるものを，次からそれぞれ選びなさい。

A（　　）　B（　　）　C（　　）

ア　一年中気温が高く，降水量も多い気候。

イ　1年を通して，雨が少ない気候。

ウ　一年中，寒さが厳しい気候。

よく出る (2) 赤道付近に広がっている気候帯の写真を選びなさい。

（　　　）

(3) 南極などの極地で見られる気候帯の写真を選びなさい。

（　　　）

2 次の問いに答えなさい。　5点×5〔25点〕

(1) 次の文は，温帯を細かい気候区に区分したときの説明です。それぞれ何という気候区ですか。□からそれぞれ選びなさい。

① 夏に乾燥して，冬に雨が降る気候。地中海周辺で見られる。（　　　　　）

② 四季がはっきりしていて，年間降水量も多い。　　　　　（　　　　　）

③ 1年を通して，少しずつ雨が降る。　　　　　　　　　　（　　　　　）

| 西岸海洋性気候 | 温暖湿潤気候 | 地中海性気候 |

(2) 右は，冷帯（亜寒帯），温帯，熱帯のいずれかの雨温図です。シベリアの属する冷帯（亜寒帯）にあてはまる雨温図を選びなさい。

気温　ア　降水量
年平均気温 26.5℃
年降水量 2712mm

気温　イ　降水量
15.4℃
1529mm

気温　ウ　降水量
0.9℃
479mm
（「理科年表」より）

（　　　）

記述 (3) 高山気候に属する都市の気温が，同じ緯度の赤道付近の低地の気温よりも低いのはなぜですか。簡単に書きなさい。

（　　　　　　　　　　　　　　　　　　　　　　　　　　　）

ちょっとひといき　雨温図は，複数のグラフを比べて降水量・気温の傾向の違いを覚えよう！

3 右の地図を見て，次の問いに答えなさい。　　5点×10〔50点〕

(1) 地図中のA〜Cにあてはまる三大宗教を，それぞれ書きなさい。

A（　　　　　　　）

B（　　　　　　　）

C（　　　　　　　）

▼世界の宗教分布

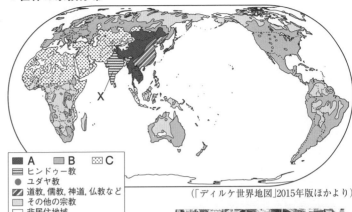

A	B	C

☰ ヒンドゥー教
● ユダヤ教
▨ 道教, 儒教, 神道, 仏教など
▧ その他の宗教
□ 非居住地域

(「ディルケ世界地図」2015年版ほかより)

(2) 地図中のXは，ヒンドゥー教を信仰する人が80％をこえる国です。この国の名前を何といいますか。

（　　　　　　　　　　）

(3) 右の写真は，ヒンドゥー教を信仰する人々の様子です。何をしていますか，次から選びなさい。（　　　）

ア　赤ちゃんの命名式　　イ　ホーリー祭

ウ　聖地をめぐる巡礼　　エ　川で身を清める沐浴

(4) 仏教の教典を，□□から選びなさい。

（　　　　　　　　）

「コーラン」　　「経」　　「聖書」

(5) イスラム教について述べた文を，次から2つ選びなさい。　　（　　　）（　　　）

ア　1日に5回，聖地メッカに向かっていのりをささげる。

イ　特定の民族や地域でのみ信仰されている。

ウ　日曜日は仕事を休む日であり，教会でいのりをささげる。

エ　断食の期間中は，日中に食べ物や飲み物を断つ決まりである。

(6) 仏教は，大乗仏教と上座部仏教に分かれています。上座部仏教を信仰している国・地域の組み合わせを，次から選びなさい。（　　　）

ア　チベット，タイ　　　イ　チベット，日本

ウ　スリランカ，タイ　　エ　スリランカ，日本

(7) 右のマークはある宗教の基準を満たした料理に付けられています。この宗教と，宗教の決まりで食べることが禁止されている肉の組み合わせを，次から選びなさい。（　　　）

ア　宗教−イスラム教　　肉−豚肉

イ　宗教−イスラム教　　肉−牛肉

ウ　宗教−ヒンドゥー教　肉−豚肉

エ　宗教−ヒンドゥー教　肉−牛肉

第2章1節 アジア州①

満点★ミッション

❶**ヒマラヤ山脈**
世界で最も高い山脈。標高8848mのエベレスト山がある。

❷**モンスーン**
半年ごとに風向きが変わる風。季節風。

❸**乾季**
雨が降らない時季。

❹**華人**
中国系の人々のうち，国籍を居住国に移した人々のことをいう。

❺**ヒンドゥー教**
インドで信仰する人が多い民族宗教。

❻**イスラム教**
東南アジアでは，インドネシアやマレーシアで信仰する人が多い。

❼**キリスト教**
ヨーロッパ・北アメリカ・南アメリカ・オセアニアに信仰する人が多い。

❽**アジアNIES**
アジアの新興工業経済地域の略称。

❾**軽工業**
せんい工業や食料品工業など，軽い製品をつくる工業。

❿**ハイテク産業**
先端技術産業。コンピューターや半導体などを生産する。

1 アジア州をながめて　教 p.58〜p.59

▷　アジア州には，変化に富む自然と多様な気候が見られる。

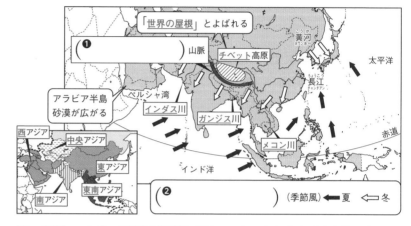

▷　気候…アジア東部は<u>温帯</u>に属し，はっきりとした四季がある。
- <u>熱帯</u>の南部・南東部には<u>雨季</u>・(❸　　　　　) が見られる。
- 内陸部は<u>乾燥帯</u>，北部のシベリアは<u>寒帯・冷帯</u>に属する。

▷　東アジアは<u>中国</u>の文化の影響で米，はし，漢字など共通の文化。

▷　東南アジアでは，(❹　　　　　) とよばれる中国系の人々が銀行・商店の経営などで活躍。
- インド系の人々によって(❺　　　　　)**教**，西アジアの商人によって(❻　　　　　)**教**が伝えられた。スペインの植民地になったフィリピンでは(❼　　　　　)**教**が広まった。

▷　世界の約6割の人口が住み，多くの都市で急速に人口が増加。

2 アジアNIESの成長　教 p.60〜p.61

▷　工業化が進んだ**大韓民国（韓国），シンガポール，台湾，ホンコン（香港）**は，(❽　　　　　) (<u>新興工業経済地域</u>)とよばれる。

▷　韓国は，原料や燃料を輸入し，加工した製品を輸出して工業化。
- 1960年代…せんい製品など(❾　　　　　)**工業**中心。
- 1970年代…鉄鋼・石油化学・造船・自動車などの重化学工業。
- 1990年代以降…半導体や薄型テレビなど，(❿　　　　　)(<u>先端技術</u>)**産業**が発展してきている。

▷　台湾は，半導体などのハイテク産業が発展。

③ 巨大な人口が支える中国　教 p.62〜p.63

▶ 中国の人口は東部の平野に集中。

- 人口の約90％は (⑪　　　　　　　) 族。少数民族は主に西部で暮らしている。
- (⑫　　　　　　　) 政策…1970年代末から行われていた，人口増加をおさえるための政策。2015年に廃止。

▶ 東部の平野で農業が盛ん。

- 長江流域の華中やチュー川(珠江)流域で (⑬　　　　　　　)・茶の栽培。
- 黄河流域の華北や東北地方で小麦・大豆などの畑作。
- 降水量が少なく，農作物が育ちにくい西部では牧畜。

▶ 1980年代から，シェンチェン(深圳)やアモイなどに，外国企業を誘致する (⑭　　　　　　　) が設けられる。

- 現代の中国は，「世界の工場」とよばれている。

▶ 都市部では，排煙・排気ガス・排水による大気汚染や河川の汚染などの環境問題が深刻化した。

▶ 沿岸部の都市と内陸部の農村との格差が拡大している。

- 収入が少ない農村から都市へ出かせぎに行く人が増加。
- 「(⑮　　　　　　　) 大開発」をかかげ，内陸部の産業育成。

▼中国の都市人口と農村人口の変化

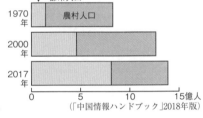

(「中国情報ハンドブック」2018年版)

④ 都市化が進む東南アジア　教 p.64〜p.65

▶ 東南アジアは，季節風(モンスーン)の影響で降水量が多く稲作が盛んで，米の (⑯　　　　　　　) を行う地域が多い。

▶ 植民地時代，天然ゴムなどを (⑰　　　　　　　) とよばれる大農園で栽培。現在はあぶらやしの農園を開発。

▶ タイやインドネシアなどの (⑱　　　　　　　) が広がる沿岸には，えびの養殖場が造られている。

▶ 東南アジアの多くは，(⑲　　　　　　　) (ASEAN)に加盟。

- 中国よりも賃金の安いベトナム・ミャンマーに進出する，日本や欧米の企業が増加。

▶ 都市には，生活環境の悪い (⑳　　　　　　　) とよばれる住宅地ができる。また，交通渋滞などの都市問題も発生。

⑪漢族
主に中国東部の都市部に暮らしている。

⑫一人っ子政策
一組の夫婦が持てる子どもを一人に制限した政策。少子高齢化が進んだ。

⑬稲作
米を栽培すること。降水量の多い地域で盛ん。

⑭経済特区
税制上の優遇措置などを設けて，外国企業を積極的に誘致した地区。シェンチェンなどの沿岸5都市に設けられた。

⑮西部大開発
内陸部に鉄道や道路を整備。現在は産業の育成を図る政策。

⑯二期作
1年に2回米を栽培。

⑰プランテーション
植民地の人々を労働力とし，商品作物を栽培する大農園。

⑱マングローブ
熱帯地方の海岸に見られる広葉樹。

⑲東南アジア諸国連合
インドネシア・タイ・マレーシアなど，東南アジアの10か国が加盟している。

⑳スラム
貧しい人々が住む，環境や治安のよくない地域。

テストに出る！
予想問題

第2章 世界の諸地域
1節 アジア州①

🕐30分

/100点

1 右の雨温図や地図を見て，次の問いに答えなさい。　　　5点×5〔25点〕

(1)　Aの山脈名，Bの河川名を書きなさい。

A （　　　　　　　）

B （　　　　　　　）

(2)　雨温図にあてはまる都市を，地図中のア〜エから選びなさい。

（　　　）

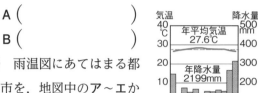

年平均気温 27.6℃
年降水量 2199mm
（「理科年表」より）

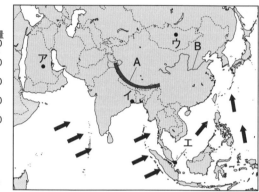

よく出る (3)　地図中の➡は，夏にふく風の向きを表しています。半年ごとに風向きが変わる，この風を何といいますか。

（　　　　　　　　　）

(4)　アジア州には，世界の約何割の人々が住んでいますか。次から選びなさい。

ア　約2割　　イ　約4割　　ウ　約6割　　エ　約8割　　（　　　）

2 次の文を読んで，あとの問いに答えなさい。　　　5点×4〔20点〕

> 　第二次世界大戦後，ヨーロッパ諸国から独立したアジア各国は，農業の近代化と工業の発展を目指した。その中でも韓国，台湾，ホンコン，シンガポールなどの国や地域は，いち早く工業化が進んで成長したことから，アジア（　　　）とよばれるようになった。

(1)　（　　　）にあてはまる語句をアルファベットで書きなさい。　（　　　　　　　）

(2)　現在，下線部の国と地域で近年発達している産業を，次から選びなさい。　（　　　）

ア　鉄鋼業　　イ　せんい工業　　ウ　ハイテク産業

(3)　右のグラフから読み取れることを，次から2つ選びなさい。　　（　　）（　　）

ア　日本はグラフのほかの国々に比べて，第二次産業で働く人々の割合が高い。

イ　タイはグラフの国々の中では，第一次産業で働く人々の割合が最も高い。

ウ　イランの第三次産業で働く人々は，韓国よりも多い。

エ　中国の第三次産業で働く人々は，日本よりも多い。

アジアの産業別人口

	第一次産業	第二次産業	第三次産業
日本（2017年）計6621.3万人	3.1%	23.7%	73.2%
韓国（2017年）計2672.5万人	4.8	24.4	70.8
中国（2016年）計7億7603万人	27.7	28.8	43.5
タイ（2016年）計3769.3万人	31.2	23.1	45.7
イラン（2017年）計2337.9万人	17.6	30.7	51.7

0　20　40　60　80　100%
（国際労働機関資料ほか）

3 右の地図を見て，次の問いに答えなさい。　5点×6〔30点〕

よく出る (1) 地図中のアモイ・シェンチェンなどに設置された，外国企業を積極的に受け入れた地区を何といいますか。

（　　　　　　　　）

(2) 工業化が進み，大気汚染などの環境問題が起こっている，地図中のXに位置する中国の首都を何といいますか。

（　　　　　　　　）

中国の地域別GDP（一人あたり）

GDP＝国内総生産
- 6万元以上
- 5万〜6万元未満
- 4万〜5万元未満
- 4万元未満
（1元は約16円）

0　500km

アモイ（不明）

シェンチェン

（2016年）　　（「中国統計年鑑」2017年版ほか）

(3) 地図から，経済が豊かなのは沿岸部と内陸部のどちらですか。（　　　　　　）

(4) 次の①〜③の地域で盛んな農業を，あとから選びなさい。

①（　　）②（　　）③（　　）

① 華中・華南　　② 華北・東北地方　　③ 西部

ア 牧畜　　イ 稲作　　ウ 畑作

4 東南アジアについて，次の問いに答えなさい。　5点×5〔25点〕

よく出る (1) 右のグラフ中の天然ゴムは，植民地時代に造られた大農園で大規模栽培が行われていました。この大農園をカタカナで何といいますか。

（　　　　　　　　）

マレーシアの輸出品の変化

1980年 129億ドル　　機械類　　パーム油
石油23.8%　天然ゴム16.4　10.7　木材9.3　8.9　その他30.9

2017年 2164億ドル　　石油製品　天然ガス 4.3
機械類42.3%　7.4　その他41.5
パーム油 4.5
（国連資料ほか）

記述 (2) 2つのグラフを比較して，マレーシアの産業の変化を，グラフ中の品目をあげて，簡単に書きなさい。

（　　　　　　　　　　　　　　　　　　　　　　）

(3) 東南アジアのほとんどの国が加盟している，東南アジア諸国連合の略称をアルファベットで何といいますか。

（　　　　　　）

(4) タイやインドネシアのマングローブが広がる海岸に造られた養殖場で盛んに生産されている海産物を，次から選びなさい。（　　　）

ア まぐろ　　イ えび　　ウ さけ　　エ たい

(5) 東南アジアで起こっている都市問題を，次から選びなさい。（　　　）

ア 生活環境の悪いスラムができた。　　イ 人口が減少した。
ウ 交通渋滞がなくなった。　　エ 道路の整備が進んだ。

第2章1節 アジア州②

 満点★ミッション

❶仏教
スリランカやタイで信仰(上座部仏教)。

❷ガンジス川
インド東部のヒンドスタン平野を流れる。

❸再生可能エネルギー
風力・地熱・水力・バイオマスなど、くり返し利用できるエネルギー。

❹ICT(情報通信技術)
携帯電話などの機器、ソフトウェア、通信サービスなどに関わる産業のこと。

❺西アジア
サウジアラビア・イラク・イランなど。

❻イスラム教
西アジア・中央アジアに信者が多い。教典は「コーラン」。

❼OPEC(石油輸出国機構)
サウジアラビア・イランなど産油国が加盟。

❽乾燥帯
1年を通してほとんど雨が降らない。

❾中央アジア
カザフスタン・ウズベキスタンなど。

❿レアメタル
コバルトなど、埋蔵量が少ないか、技術的に取り出すことが難しい希少金属。

テストに出る！ **ココが要点** 解答 p.5

① 急速に成長する南アジア 教 p.66〜p.67

▷ 南アジアの宗教…南アジアには<u>ヒンドゥー教</u>の信者が多く、インドでは人口の約80%をしめる。

● パキスタンやバングラデシュにはイスラム教の信者、スリランカには(❶   )教の信者が多い。

▷ 南アジアの農業…南アジアの北部は穀倉地帯。

● 降水量の多い(❷   )川の下流域では稲作が盛ん。

● 降水量の少ないガンジス川の上流部・インダス川流域では小麦の栽培が盛ん。

▷ 南アジアの人口は、北部の平野や南部の沿岸部に集中。

● 出生率が高く、医療の発達により死亡率が低下し、人口が急増。

▷ インドは(❸   )<u>エネルギー</u>や省エネルギーの普及に取り組む。

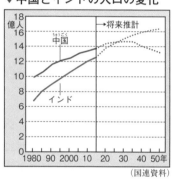
▼中国とインドの人口の変化
(国連資料)

▷ インドの成長は、共通言語の<u>英語</u>や数学の教育水準の高さに支えられている。インド南部の<u>ベンガルール</u>では、(❹   )(<u>情報通信技術</u>)産業が発達。

② 資源が豊富な西アジア・中央アジア 教 p.68〜p.69

▷ (❺   )アジアは、アラビア語を使うアラブ系の人々が住んでおり、そのほとんどが(❻   )<u>教</u>を信仰。

▷ イスラム暦の9月(ラマダン)には、日中に断食を行う。

▷ 西アジアでは、ペルシャ湾岸を中心に石油の産出量が多い。

● (❼   )(<u>石油輸出国機構</u>)を通して結び付く。

● (❽   )<u>帯</u>に属する地域では家庭に配水。

▷ (❾   )アジアの大部分は乾燥帯。イスラム教徒が多い。

▷ 石油・石炭・天然ガス・採掘が難しい(❿   )などの<u>鉱産資源</u>が豊富。その輸出で経済成長。→都市が発展。

▷ アラブ首長国連邦やサウジアラビアは、<u>再生可能エネルギー</u>や人工知能(AI)を活用した都市づくりを目指す。

第2章 世界の諸地域
1節 アジア州②

⏰30分

/100点

1 インドについて，次の問いに答えなさい。

10点×5〔50点〕

▼南アジアの農業地域

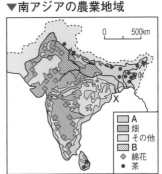

(ディルケ世界地図 2015年版)

(1) 右の地図中のXで表されている河川名を書きなさい。

（　　　　　　　）

(2) 地図中のAとBにあてはまる農作物を，次からそれぞれ選びなさい。　　A（　　）　B（　　）

ア　小麦　　イ　とうもろこし

ウ　米　　　エ　いも

(3) 現在のインドで情報通信技術産業が発達した背景について，次の文中の（　）にあてはまる語句をそれぞれ書きなさい。

C（　　　　　　　）　D（　　　　　　　）

▼コールセンターの仕組み

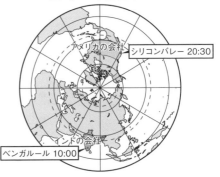

　インドでは，（ C ）が共通言語である。アメリカの地球の裏側がインドであることから，アメリカが夜の時間にインドは（ D ）の時間となる。アメリカの企業のコールセンターをインドにも置くことで24時間対応できるようになった。

2 西アジア・中央アジアについて，次の問いに答えなさい。

10点×5〔50点〕

▼西アジア・中央アジアの鉱産資源

(「ディルケ世界地図」2015年版ほか)

よく出る

(1) 地図中のXにあてはまる鉱産資源名を書きなさい。　　（　　　　　　　）

(2) 地図中の▨の国々が加盟している，(1)の資源に関する組織のアルファベットの略称を何といいますか。　　（　　　　　　　）

(3) クロムなどの希少金属のことを，カタカナで何といいますか。　　（　　　　　　　）

(4) 西アジア・中央アジアで広く信仰されている宗教を何といいますか。　　（　　　　　　　）

記述 (5) (1)で得た資金で，西アジアが行っている水の開発を，「淡水」「海水」の語句を用いて簡単に書きなさい。

（　　　　　　　　　　　　　　　　　　　　　　　　）

第2章2節 ヨーロッパ州

満点☆ミッション

❶北大西洋海流
大西洋を流れる暖流。

❷偏西風
常に西から東に向かってふく風。

❸フィヨルド
スカンディナビア半島の沿岸部などに見られる，奥行きのある湾。

❹ゲルマン系言語
ヨーロッパ西部や北部で話される言語。

❺ラテン系言語
ヨーロッパ南部で話される言語。

❻キリスト教
イエスが開いた宗教。ヨーロッパ共通の文化となる。

❼EU（ヨーロッパ連合）
ヨーロッパの政治的・経済的統合を目指した組織。

❽ヨーロッパ共同体
EUの前身となる組織。EC。

❾ユーロ
EUの共通通貨。紙幣と硬貨がある。加盟国であっても，ユーロを導入していない国もある。

❿ユーロスター
ユーロトンネルとよばれる海底トンネルを通ってイギリスとフランスを結ぶ。

---

1 ヨーロッパ州をながめて　教 p.76〜p.77

▷　ヨーロッパ州はユーラシア大陸の西にある。全体的に高緯度。

▼ヨーロッパの自然

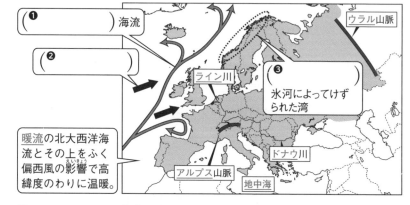

▷　ヨーロッパの農業…気候のちがいが農業にも反映。

● **地中海沿岸**では，乾燥に強いオリーブの生産や小麦の栽培が盛ん。

● ヨーロッパ北部・アルプス山脈などでは，牛などの家畜を飼育。

● フランスやドイツでは小麦・ライ麦などの穀物を生産。

▷　ヨーロッパの言語は，大きく3つに分けられる。

● （**❹**　　　　　　）系言語…英語やドイツ語など。

● （**❺**　　　　　　）系言語…フランス語やイタリア語など。

● スラブ系言語…ロシア語など。

▷　ヨーロッパには，さまざまな民族が暮らしており，主に（**❻**　　　　　）教が信仰されている。

▷　1993年には，（**❼**　　　　　　　）（ヨーロッパ連合）が成立。

2 ヨーロッパ統合の動き　教 p.78〜p.79

▷　1967年に発足した（**❽**　　　　　　　）（EC）は，1993年にヨーロッパ連合（EU）に発展した。

● 2002年には，共通通貨の（**❾**　　　　　　　）を導入。

● 航空機の生産にあたっては，フランス・ドイツなどの企業が共同で企業を設立し，国境をこえて技術協力を行う。

▷　EU加盟国間では，パスポートなしに移動できる。

▷　交通網の整備…ロンドンとパリを結ぶ（**❿**　　　　　　　）などの高速鉄道など。農産物や工業製品の輸出入に便利。

3 持続可能な社会に向けて 教 p.80〜p.81

▶ ヨーロッパでは，(⑪　　　　　　　)雨による被害が深刻化。

▶ ライン川は，(⑫　　　　　　　)河川として，複数の国が飲
料水や工業用水，輸送路として利用。

●近年は工場からの排水規制などを行い，水質が改善。

▶ EU加盟国では，風力などの(⑬　　　　　　　　　　)
を利用した発電が盛ん。

●家庭で使われる電化製品のリサイクルが進む。

▶ ヨーロッパでは，(⑭　　　　　　　)な社会を目指す動きが
進んでいる。

▶ 持続可能な観光…自然環境などの観光資源を維持するとともに，
国立公園などで自然を体験・学習しながら楽しむ観光の在り方を
(⑮　　　　　　　)という。

4 EUがかかえる課題 教 p.82〜p.83

▶ EU加盟国の間で，
(⑯　　　　　　　)が問題と
なっている。一人あたりの
(⑰　　　　　　　)(GNI)は，
最大で10倍以上の差。

●ギリシャやスペインでは経済
的な危機が起こり，さらに格
差が拡大するとする予測。

▼EUへの拠出額とEUからの受取額の上位3か国

拠出金
ドイツ
フランス
イギリス
0　50　100　150　200　250億ユーロ

受取金
フランス
ポーランド
スペイン
0　50　100　150　200　250億ユーロ

＊2015〜2017年の平均
＊離脱したイギリスは
52.5億ユーロ(2015〜2017年
の平均)の払い戻しを受けている
（欧州委員会資料）

▶ EU加盟国の増加にともない，
意思決定までに時間がかかるようになっている。また，EUの権
限の拡大にともない，それぞれの加盟国の独自の考えが反映され
にくくなると心配される。

▶ 1970年代以降，西ヨーロッパで鉄鋼業などの国際競争力が低下。

▶ 1980年代以降，航空機・医薬品などの(⑱　　　　　　　)産
業が発達。

▶ 1990年代以降，東ヨーロッパへの工場立地が増加。

▶ EUの地域内では，人々の移動が比較的自由であるため，ドイ
ツなど賃金が高い国には，EUの東部・南部から来た
(⑲　　　　　　　)労働者が増加。

●フランスのように，かつて(⑳　　　　　　　)としていた
アルジェリアなどからの移民が増加している国もある。

⑪**酸性雨**
酸性を示す雨。森林をからせるなどの被害をもたらす。

⑫**国際河川**
複数の国を流れ，沿岸国に航行の自由が認められている河川。

⑬**再生可能エネルギー**
地熱，風力，水力，バイオマスなど，くり返し使用できるエネルギー。

⑭**持続可能な社会**
環境に配慮し，現在の世代だけでなく，将来の世代の幸福も目指す社会。

⑮**エコツーリズム**
地域の魅力を観光客に伝えながら，植林・清掃などを行うツアーなどがある。

⑯**経済格差**
所得など経済面での差。

⑰**国民総所得**
国民が1年間に生み出した財とサービスの合計。

⑱**ハイテク産業**
先端技術産業ともいう。最新の科学を使って行われる産業。

⑲**外国人労働者**
国籍を労働先に移さずに働く労働者。

⑳**植民地**
他国により，政治・経済などを支配される地域。

テストに出る！ 予想問題
第2章 世界の諸地域
2節 ヨーロッパ州

⏱30分 /100点

1 次の問いに答えなさい。 5点×7〔35点〕

よく出る (1) フランスのパリは，東京よりも高緯度にあるわりに冬が温暖です。パリの気温に影響をあたえる暖流と風を，それぞれ何といいますか。

暖流（　　　　　　　　　）　風（　　　　　　　　　）

(2) イタリアやスペインなどの地中海沿岸の雨温図を，右のグラフから選びなさい。

（　　　）

よく出る (3) 地中海沿岸で主に栽培されているものの組み合わせを，次から選びなさい。

（　　　）

ア　米，オリーブ　　　イ　米，だいず

ウ　小麦，オリーブ　　エ　小麦，だいず

ア 気温 降水量
30℃ 500mm / 20 400 / 10 300 / 年平均気温 15.6℃ 年降水量 717mm 200 / 0 100 / -10 / -20 1月 7 12

イ 気温 降水量
30℃ 500mm / 20 15.4℃ 400 / 10 300 / 1529mm 200 / 0 100 / -10 / -20 1月 7 12

ウ 気温 降水量
30℃ 500mm / 20 400 / 10 11.1℃ 300 / 653mm 200 / 0 100 / -10 / -20 1月 7 12

（「理科年表」より）

(4) 表中のX・Yにあてはまる語句をそれぞれ書きなさい。

X（　　　　　　　）
Y（　　　　　　　）

表 ヨーロッパの主な言語のグループ

X 系言語	Y 系言語	ラテン系言語
ポーランド語 ブルガリア語	英語 ノルウェー語	Z スペイン語

(5) 表中のZにあてはまる語句を，次から選びなさい。 （　　　）

ア　ロシア語　　イ　フランス語　　ウ　ドイツ語　　エ　ギリシャ語

2 右のグラフを見て，次の問いに答えなさい。 5点×3〔15点〕

(1) グラフ中のア～ウは，日本・EU・アメリカのいずれかです。EUにあてはまるものを選びなさい。

（　　　）

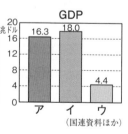

グラフ　日本，EU，アメリカの比較

人口
億人 6 5 4 3 2 1 0
5.1 / 3.2 / 1.3
ア　イ　ウ
(2015年)

面積
万km² 1000 800 600 400 200 0
437 / 983 / 38
ア　イ　ウ

GDP
兆ドル 20 16 12 8 4 0
16.3 / 18.0 / 4.4
ア　イ　ウ
（国連資料ほか）

(2) イギリス，フランス，ドイツ，スペインなどで協力して生産されている工業製品を，次から選びなさい。 （　　　）

ア　自動車　　イ　船　　ウ　航空機　　エ　鉄鋼

よく出る (3) EUで導入されている共通通貨を何といいますか。 （　　　　　　　）

ちょっとひといき　十分に時間があるなら，ノートをきれいにまとめ直すのも効果的だよ！

3 ヨーロッパの環境について，次の問いに答えなさい。　　5点×5〔25点〕

(1) グラフは，くり返し利用できるエネルギーによる発電量の推移を示しています。このエネルギーを何といいますか。（　　　　　　　）

グラフ　あるエネルギーによる発電量
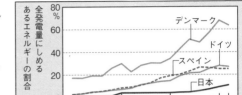
（アメリカエネルギー情報局資料）

(2) (1)のエネルギーにふくまれるものを，次から選びなさい。（　　　）

ア　原子力　　イ　風力　　ウ　火力

(3) (1)のエネルギーが普及している背景には，環境に配慮しながら，現在の世代だけでなく，将来の世代の幸福を目指していることがあげられます。このような社会を何といいますか。
（　　　　　　　　）

(4) ヨーロッパの一部の地域で行われている，①パークアンドライドと②エコツーリズムの説明として正しいものを，次からそれぞれ選びなさい。

①（　　　）　②（　　　）

ア　最寄りの鉄道駅に車をとめ，電車などで通勤・通学する取り組み。

イ　大気汚染が原因となって起こる，森林をからせる雨。

ウ　観光資源を維持し，国立公園などで自然を体験しながら楽しむ観光の在り方。

エ　複数の国が飲料水・工業用水・輸送路として用いる河川。

4 EUのかかえる課題について，次の問いに答えなさい。　　5点×5〔25点〕

(1) 資料1から，2000年代に加盟した国々は，西ヨーロッパと東ヨーロッパのどちらに多いですか。（　　　　　　）

(2) 資料2から，一人あたりの国民総所得が多いのは，西ヨーロッパと東ヨーロッパのどちらですか。（　　　　　　）

(3) 資料2からわかるEUの課題について，簡単に書きなさい。
（　　　　　　　　　　　　　　　　　　　）

(4) ヨーロッパで発達している，コンピューターや航空機などを造る産業を何といいますか。
（　　　　　　　）

(5) フランスへの移民が多いアルジェリアは，かつてフランスが何とすることで政治・経済的に支配されていましたか。（　　　　　　）

資料1　EU加盟国の拡大

0　500km

フィンランド
スウェーデン
エストニア
ラトビア
リトアニア
アイルランド
イギリス
デンマーク
オランダ
ドイツ
ポーランド
ベルギー
ルクセンブルク
フランス
（西ドイツ）
チェコ
スロバキア
オーストリア ハンガリー ルーマニア
スロベニア
イタリア
ブルガリア
ポルトガル
スペイン
ギリシャ
マルタ
キプロス

EC発足当時(1967年)の加盟国　　1995年加盟国
EU発足当時(1993年)の加盟国　　2004年以降の加盟国
＊イギリスは2016年にEUからの離脱を国民投票で決定し，2020年に離脱した。

資料2　EU各国一人あたりの国民総所得

0　1000km

3万ドル以上
2万〜3万ドル
1万〜2万ドル
1万ドル未満

(2017年)　　（世界銀行資料より）

第2章3節 アフリカ州

❶**サハラ砂漠**
世界最大の砂漠。

❷**ナイル川**
世界最長の河川。

❸**植民地**
政治，経済的に外国に支配されている状態。20世紀初頭まで，アフリカの大部分をヨーロッパ諸国が支配。

❹**カカオ**
チョコレートの主な原料となる農作物。コートジボワールは有数の生産国。

❺**遊牧**
水や草を求めて，家畜とともに移動する牧畜。

❻**レアメタル**
クロム，コバルトなど，埋蔵量が少なく，純粋なものを取り出すことが難しい希少金属。

❼**モノカルチャー経済**
アフリカ諸国の多くで見られる経済状態。

❽**NGO**
国際連合などの国際機関と協力関係にある政府以外の組織。

❾**スラム**
衛生・居住環境が悪い地区。

❿**アフリカ連合**
アフリカの地域統合を目指した組織。

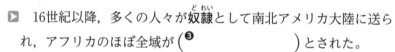

テストに出る！ **ココが要点**　解答 p.6

1 アフリカ州をながめて　教 p.90〜p.91

▶ アフリカ州は，ヨーロッパの南に位置する。

● 気候…赤道付近に**熱帯**，そこから南北に**乾燥帯**，温帯へと移る。

● 赤道付近には**熱帯雨林**が見られ，その南北に<u>サバナ</u>が，その北側にはステップが広がっている。

▼アフリカの自然地形

アトラス山脈
赤道
砂漠
ギニア湾
大西洋
キリマンジャロ山
川

▶ サハラ砂漠やその北では，**イスラム教**を信仰。

▶ 16世紀以降，多くの人々が**奴隷**として南北アメリカ大陸に送られ，アフリカのほぼ全域が（❸　　　　　　　　　）とされた。

2 アフリカの産業と新たな開発　教 p.92〜p.93

▶ ヨーロッパ人が始めた<u>プランテーション</u>**農業**で，ギニア湾岸での（❹　　　　　　　　　）のほか，綿花，コーヒー，茶などを栽培。

▶ アフリカでは，<u>焼畑農業</u>などの伝統的な生活が行われてきた。

● 乾燥帯…羊などを飼育する（❺　　　　　　　　　）。<u>砂漠化</u>も。

▶ 銅，金，ダイヤモンドなど鉱産資源が豊富で（❻　　　　　　　　　）や石油が産出。石油はナイジェリアや北アフリカの国々に分布。

▶ 特定の商品作物や鉱産資源にたよる（❼　　　　　　　　　）<u>経済</u>。

3 発展に向けた課題　教 p.94〜p.95

▶ 植民地支配していた国の言語を<u>公用語</u>として用いる国が多い。

▶ 複数の民族が暮らす国では，紛争や内戦が続くところもある。

● 植民地時代に，ヨーロッパの国々が民族の分布と関わりなく境界線を引いたことが原因の一つ。

◇（❽　　　　　　　　　）（<u>非政府組織</u>）も問題解決に尽力。

▶ 農村から都市への移住が進み，首都に人口が集中する傾向。

● 生活環境の悪い（❾　　　　　　　　　）が発生。

▶ 人口増加が激しく，食料が不足。砂漠化などの環境問題も深刻。

▶ 2002年に（❿　　　　　　　　　）（<u>AU</u>）を結成。発展へ努力。

2章 世界の諸地域
3節 アフリカ州

⏱ 30分

/100点

1 右の雨温図や地図を見て，次の問いに答えなさい。　　　　　　　　10点×6〔60点〕

(1) 右のA・Bの雨温図が示す都市を，**地図**中のア〜ウからそれぞれ選びなさい。

A (　　　)
B (　　　)

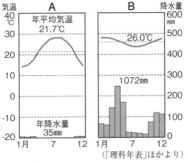

気温 A B 降水量

年平均気温 21.7℃

26.0℃

1072mm

年降水量 35mm

（「理科年表」ほかより）

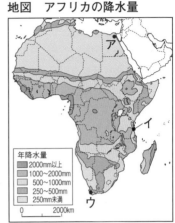

地図　アフリカの降水量

年降水量
■ 2000mm以上
■ 1000〜2000mm
■ 500〜1000mm
■ 250〜500mm
■ 250mm未満

0　　　2000km

（「グーズ世界地図」2017年版より）

(2) **地図**中の年降水量が2000mm以上の地域では，どのような植生が見られますか。次から選びなさい。

ア　砂漠　　　イ　ステップ
ウ　サバナ　　エ　熱帯雨林

(　　　)

(3) 16世紀以降，アフリカ大陸の大部分は，ヨーロッパの何になりましたか。

(　　　　　　　)

(4) アフリカの都市部で見られる，生活環境のよくない住居の密集地域を何といいますか。

(　　　　　　　)

(5) アフリカの地域統合を目指す組織を何といいますか。　(　　　　　　　)

2 右のグラフを見て，次の問いに答えなさい。　　　　　　　　10点×4〔40点〕

(1) グラフ中の下線部aについて，このような輸出品を大規模に栽培する農園を何といいますか。

(　　　　　　　)

(2) グラフ中のXにあてはまる鉱産資源を，次から選びなさい。　(　　　)

ア　石炭　　　イ　金
ウ　鉄鉱石　　エ　石油

グラフ　アフリカの主な国々の輸出品

ナッツ類 6.6　金 6.4　X 4.6
石油製品

コートジボワール
118億ドル
（2015年）
a カカオ豆 30.0%　11.3　その他 34.9
カカオペースト 6.2

天然ガス

ナイジェリア
445億ドル
（2017年）
X 81.1%　11.7　7.2
その他

機械類　鉄鋼　石炭 6.5

南アフリカ
共和国
883億ドル
（2017年）
自動車 11.1%　8.1　7.5　7.1　その他 48.3
b プラチナ　金 6.0　鉄鉱石 5.4

（国連資料）

(3) グラフ中の下線部bについて，ほかにクロムやコバルトなど，産出量が少ない金属をカタカナで何といいますか。(　　　　　)

記述 (4) アフリカの産業の特徴を，「農作物」「鉱産資源」の語句を用いて，簡単に書きなさい。

(　　　　　　　　　　　　　　　　　　　　　　　　　)

第2章4節 北アメリカ州

満点★ミッション

❶**ロッキー山脈**
　北アメリカ大陸の西
を南北に走る山脈。

❷**ミシシッピ川**
　中央平原を流れる川。
メキシコ湾に注ぐ。

❸**ハリケーン**
　主にカリブ海で発生
する熱帯低気圧。

❹**先住民**
　その地域に古くから
住む民族。カナダ北
部のイヌイットなど。

❺**キリスト教**
　北アメリカで主に信
仰されている宗教。

❻**NAFTA**
　北アメリカの自由貿
易の枠組みをつくる
北米自由貿易協定の
略称。2020年に失効
し，新たに米国・メ
キシコ・カナダ協定
（USMCA）が発効。

❼**ヒスパニック**
　アメリカの人口の約
18％をしめている。
スペイン語が話され
る国からの移民。

❽**適地適作**
　気温や降水量，地質
などに合った作物を
栽培している。

❾**企業的な農業**
　市場への出荷を目的
に行われる農業。

❿**バイオテクノロジー**
　生物を研究して利用
するための科学技術。

1 北アメリカ州をながめて　教 p.102〜p.103

▷　北アメリカ州は，北アメリカ大陸と西インド諸島から成る。

●アメリカ，カナダともに日本の約26倍の面積。

●大陸の西部には砂漠が見られる。大陸の南東部や西インド諸島は温暖で雨が多い。

　◇（❸　　　　　　　）が大きな被害をもたらす。

▷　北アメリカには，古くから（❹　　　　　　　　）が生活。ヨーロッパから来た移民の子孫，奴隷とされたアフリカの人々の子孫など，多様な人が住む。

▷　アメリカでは英語，カナダでは英語とフランス語，ほかの国々では主にスペイン語を使用。（❺　　　　　　　）教を主に信仰。

▷　アメリカ，カナダ，メキシコは北米自由貿易協定（（❻　　　　　　　　））を結成し，経済的な結び付きを強めてきた。

▷　（❼　　　　　　　）…メキシコ・中央アメリカ・西インド諸島の国々から来た移民。アメリカの経済を支える。

▼北アメリカ州の自然環境

2 巨大な農業生産力と移民　教 p.104〜p.105

▷　環境に適した農作物を栽培する（❽　　　　　　　　）が盛ん。

●センターピボットかんがいやフィードロットなど，効率的な生産方式を開発。アメリカで農作物は重要な輸出品となっている。

▷　アメリカでは，（❾　　　　　　　　）な農業によって，少ない労働力で広い面積を経営している。

▷　（❿　　　　　　　　）を利用して，新種の種子を開発。

▷　アメリカの農業関連の企業は，メキシコ・中央アメリカ・西インド諸島に進出。

●このような企業は，プランテーションや鉄道などを経営。

▷　高収入を求めて，メキシコ人など多くの人々がアメリカに移住し，農業労働者として働いている。

ココが要点の答えになります。

③ 巨大な工業生産力　教 p.106〜p.107

▶ (⑪　　　　　　　　　) 沿岸の都市…19世紀から工業が発達。

● 周辺で採掘される鉄鉱石，石炭など豊富な

　(⑫　　　　　　　) 資源と水上交通を利用した。

　◇ (⑬　　　　　　) 業の中心都市はピッツバーグ。

　◇ (⑭　　　　　　) 工業の中心都市はデトロイト。

● 流れ作業による自動車の大量生産
方式→ほかの工業製品にも広がる。

● 20世紀後半，安くて質の良い鉄鋼
や自動車が日本・ドイツから輸入
され，五大湖周辺の工業が衰退。

▶ 科学技術の研究開発により，コン
ピューターなどの先端技術が発達。
また，(⑮　　　　　　　　　)(情報
通信技術)の発達とコンピューター
の普及により社会が変化。

● 現在は，バイオテクノロジーなど新しい工業で世界をリード。

▶ 工業の中心地が移動…(⑯　　　　　　　　)とよばれる北緯37
度以南の温暖な地域で，ICT産業・航空宇宙産業が発達。

● (⑰　　　　　　　) にICT関連企業が集中。

▶ メキシコ・中央アメリカ・西インド諸島など，低賃金の国々に
工場を移すアメリカの企業も見られる。

▼アメリカの工業生産額の
地域別割合の変化

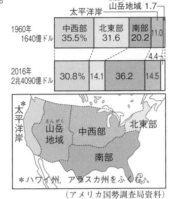

太平洋岸　　山岳地域 1.7

	中西部	北東部	南部	
1960年 1640億ドル	35.5%	31.6	20.2	11.0
2016年 2兆4090億ドル	30.8%	14.1	36.2	14.5

4.4

太平洋岸　山岳地域　中西部　北東部　南部

*ハワイ州，アラスカ州をふくむ。
（アメリカ国勢調査局資料）

④ 新しい産業と生活文化　教 p.108〜p.109

▶ 移民の役割の変化…19世紀末〜20世紀初頭にかけて，

　(⑱　　　　　　　　) からの移民は製鉄所・自動車工場で働き，
アメリカの工業化に貢献。

● 現在は，(⑲　　　　　　　) 系の移民がICT産業を支える。

▶ 大型(⑳　　　　　　　) …郊外に広い駐車場を持つ。

▶ 大量生産・大量消費の生活により，アメリカの経済が発達。

▶ メキシコ・中央アメリカ・西インド諸島の国々とアメリカには，
人々の収入に大きな格差がある。これらの国々から，多くの人々
が高収入を求めてアメリカに移住している。

▶ 外国からアメリカにやってきた人々の中には，野球などプロス
ポーツ選手として活躍する人もいる。

---

⑪ **五大湖**
アメリカとカナダの
国境にある５つの湖。

⑫ **鉱産資源**
地下に埋まっている
鉱物。原油，石炭，
天然ガスなど。

⑬ **鉄鋼業**
鉄鉱石を原料として，
銑鉄・鋼などを生産
する工業。

⑭ **自動車工業**
自動車を造る工業。
鉄鋼などをもとに生
産する。

⑮ **ICT**
情報通信技術。情報
処理や通信に関する
技術の総称。

⑯ **サンベルト**
温暖で豊富な労働力
があり，土地の価格
が安いことを背景に
発達した工業地域。

⑰ **シリコンバレー**
サンフランシスコの
南にあるサンノゼを
中心に発達している。

⑱ **ヨーロッパ**
17世紀以降，ヨー
ロッパからの移民が
北アメリカの開拓を
進めた。

⑲ **アジア系**
近年は，インドから
の留学生が増加。

⑳ **ショッピングセンター**
多数の小売店が集ま
る商業施設。自動車
中心の社会で，人々
の生活を支える。

テストに出る！
予想問題

第2章 世界の諸地域
4節 北アメリカ州

🕐 30分

／100点

1 右の地図を見て，次の問いに答えなさい。　　　　　　5点×5〔25点〕

(1) Aの山脈名を書きなさい。

（　　　　　　　　）

(2) 年降水量が多い地域は，西経100度線よりも東側ですか，西側ですか。（　　　　　　）

(3) Bの地域で8月〜9月によく見られる，大きな被害(ひがい)をもたらす熱帯低気圧をカタカナで何といいますか。

（　　　　　　　　）

(4) 北アメリカ州で主に信仰(しんこう)されている宗教を何といいますか。（　　　　　　）

(5) 北米(ほくべい)自由貿易協定を結成していた国の組み合わせとして正しいものを，次から選びなさい。

（　　　）

ア　カナダ，アメリカ，グアテマラ　　イ　カナダ，アメリカ，メキシコ

ウ　アメリカ，メキシコ，パナマ　　　エ　アメリカ，メキシコ，キューバ

北アメリカの降水量

年降水量
- 2000mm以上
- 1000〜2000mm
- 500〜1000mm
- 250〜500mm
- 250mm未満

（「グーズ世界地図」2017年版より）

2 アメリカの農業について，右の地図を見て，次の問いに答えなさい。　　5点×5〔25点〕

(1) 次の農作物が主に栽培(さいばい)されている地域を，地図中のア〜エからそれぞれ選びなさい。

① とうもろこし，大豆　　　（　　　）

② 小麦　　　　　　　　　　（　　　）

(2) 地図中の「放牧」の農業地域について，次の（　　　）にあてはまる語句を書きなさい。

（　　　　　　　　）

> 放牧は，（　　　）の少ない地域で行われている。

アメリカ・カナダの農業地域

- ア
- イ
- ウ
- エ
- 果樹
- 放牧
- その他の農業地
- 非農業地
- フィードロット

（「グーズ世界地図」2017年版より）

(3) アメリカでは，気温，土地など，それぞれの自然環境(かんきょう)に適した作物を栽培する農業が行われています。これを何といいますか。

（　　　　　　　　　　　）

記述(4) アメリカで行われている農業の特徴について，「大型機械」「企業的」の語句を用いて，簡単に書きなさい。

（　　　　　　　　　　　　　　　　　　　　）

ちょっとひといき　人によって得意な覚え方は違う…何度も書く，何度も声に出すなどいろいろ試そう！

3 アメリカの工業について，地図を見て，次の問いに答えなさい。 5点×5〔25点〕

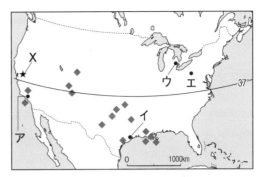

(1) 地図中の◆が表している鉱産資源を書きなさい。 （　　　　　　　）

(2) 次の文が表している都市を，地図中のア〜エから選びなさい。 （　　　　　　　）

> 五大湖沿岸にある都市で，かつて鉄鋼業の中心地として栄えた。

(3) 北緯37度から南に広がる，ICT（情報通信技術）産業や航空宇宙産業が発達している地域を何といいますか。 （　　　　　　　）

(4) Xの地域には，ICT産業の企業が多く集まっています。この地域を何といいますか。 （　　　　　　　）

(5) 現在，アメリカのICT産業を支えている移民の出身地域を，次から選びなさい。 （　　　　　　　）

　ア　アジア　　イ　西インド諸島　　ウ　アフリカ　　エ　南アメリカ

4 アメリカの社会と文化について，右の資料を見て，次の問いに答えなさい。 5点×5〔25点〕

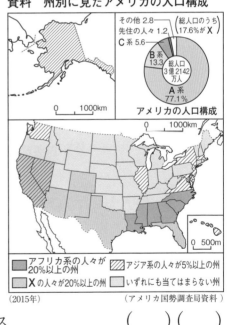

資料　州別に見たアメリカの人口構成

(1) グラフ中のA〜Cにあてはまる世界の地域の組み合わせを，次から選びなさい。 （　　）

　ア　A—ヨーロッパ　B—アジア　C—アフリカ
　イ　A—ヨーロッパ　B—アフリカ　C—アジア
　ウ　A—アフリカ　B—アジア　C—ヨーロッパ
　エ　A—アジア　B—ヨーロッパ　C—アフリカ

(2) 資料中のXに共通してあてはまる，メキシコ・中央アメリカ・西インド諸島の国々からの移民を何といいますか。 （　　　　　　　）

(3) アフリカ系の人々の多くは，何として連れてこられた人々の子孫ですか。（　　　　　　　）

(4) アメリカから広まった文化としてあてはまるものを，次から2つ選びなさい。 （　　）（　　）

　ア　毎年多くの人がリゾート地に出かけるバカンス
　イ　通信販売やインターネット
　ウ　テーマパークや，ハンバーガーなどのファストフード
　エ　遊牧や焼畑農業

第2章5節 南アメリカ州

満点★ミッション

テストに出る！ ココが要点　解答 p.8

1 南アメリカ州をながめて　教 p.116〜p.117

❶アンデス山脈
南アメリカ大陸の西を南北に連なる山脈。

❷パンパ
アルゼンチンに広がる草原。小麦の栽培や肉牛の放牧が盛ん。

❸インカ帝国
15〜16世紀にかけて，アンデス山脈中に栄えた帝国。

❹スペイン語
中央アメリカ，南アメリカ諸国の公用語。

❺プランテーション
熱帯地域に開かれてきた，特定の農作物を大規模に栽培する大農園。

❻企業的な農業
大型の機械を使って，広い耕地を経営する農業。

❼バイオエタノール
さとうきびなどの植物原料から作られるアルコール燃料。

❽アマゾン川
世界で最も流域面積の広い大河。

❾焼畑農業
森林を焼いて畑にし，移動しながら行う農業。

❿持続可能な開発
将来世代の環境に配慮して，現在の開発を行う考え。

▷ 南アメリカ大陸…南北に長い大陸。

● 気候…赤道付近では，高温多雨の熱帯。南に行くほど雨が少なくなる。アンデス山脈では標高によって植物が変化。

▷ 南アメリカには，古くから<u>先住民</u>が生活してきた。

● アンデス山脈には15世紀に栄えた（❸　　　　　　）帝国のような高度な文明が発展。

● 16世紀にヨーロッパ人が先住民の国や社会をほろぼす。
　◇（❹　　　　　　）語と<u>ポルトガル語</u>，キリスト教が広まった。

▷ ヨーロッパ人は，大規模な農園である（❺　　　　　　）の労働力として，アフリカから奴隷を連れてきた。

● 先住民やヨーロッパ人，アフリカ人との間で混血が進む。

▷ 20世紀後半から，（❻　　　　　　）<u>な農業</u>が発展。

● コーヒー・大豆・バナナなど輸出用の商品作物を栽培。

● 近年はさとうきびを栽培し，（❼　　　　　　）を生産。

▼南アメリカ州の自然環境

ギアナ高地
赤道
アマゾン川
ラプラタ川
❶
山脈
❷

2 自然環境と共生する生活　教 p.118〜p.119

▷ （❽　　　　　　）川流域では，人や物の移動に船が使われる。

● アマゾン川流域には<u>熱帯林</u>が広がる。人々は，森林を焼いた灰を肥料とする（❾　　　　　　）農業を行ってきた。

3 開発の進行と影響　教 p.120〜p.121

▷ 1970年代以降，アマゾン川流域では，開発のため熱帯林が切り開かれ，道路が建設された。大豆・さとうきび畑が造られてきた。

▷ 日本は鉄鉱石・銅鉱石を南アメリカの国々から輸入。銅鉱石はチリ・ペルー，鉄鉱石はブラジルからの輸入が多い。

▷ バイオエタノールは<u>再生可能エネルギー</u>の1つ。

● （❿　　　　　　）な開発を進めていく必要がある。

ココが要点の答えになります。

テストに出る！
予想問題

第2章 世界の諸地域
5節 南アメリカ州

🕐 30分

/100点

1 右の雨温図や地図を見て，次の問いに答えなさい。　　　　　　10点×5〔50〕

(1) 右の**A・B**の雨温図が示す都市を，地図中の**ア〜エ**からそれぞれ選びなさい。

　　　　A （　　　） B （　　　）

(2) 15世紀，アンデス山脈で栄えていたインカ帝国は，どんな人々によってつくられましたか。

（　　　　　　　　　　　）

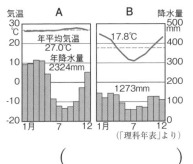

(3) 南アメリカを植民地としたヨーロッパの国の組み合わせを，次から選びなさい。

ア ギリシャ・スペイン　　　**イ** スイス・ポルトガル　　　（　　　）

ウ スペイン・ポルトガル　　**エ** ギリシャ・スイス

よく出る (4) 南アメリカで盛んに生産されている，主にさとうきびを原料に作る燃料をカタカナで何といいますか。　　　　　　　　　　　　　　　　　　　（　　　　　　　　　　）

2 次の文を読んで，あとの問いに答えなさい。　　　　　　　10点×5〔50点〕

> **A** この川の上流にあるマナオスの港は，人や物の移動をするための船でにぎわっている。
> **B** この川の周辺の森林では，森林を焼いて，その灰を肥料とする農業が行われている。
> **C** アルゼンチンに広がる草原では，牧畜を中心とした生活を送っている。

よく出る (1) **A・B**に共通する「この川」の名前を書きなさい。　（　　　　　　　　　）

(2) **B**で述べられている農業を何といいますか。　　　　　（　　　　　　　　　）

(3) **C**の「草原」をカタカナで何といいますか。　　　　　（　　　　　　　　　）

(4) グラフの**X・Y**が示す鉱産資源の組み合わせを，次から選びなさい。　　（　　　）

ア X−銅鉱石　Y−鉄鉱石
イ X−銅鉱石　Y−石炭
ウ X−原油　　Y−鉄鉱石
エ X−原油　　Y−石炭

▼日本のXとYの輸入相手国

				カナダ	オーストラリア	
X 473万t	チリ 44.2%		ペルー 17.6	9.9	9.0	7.6	11.7

インドネシア　　その他

			カナダ 5.1	
Y 1億2653万t	オーストラリア 57.7%	ブラジル 27.0	10.2

その他

(2017年)　　　　　　　　　　　　　　　（財務省「貿易統計」）

記述 (5) 持続可能な開発を進めるためにはどのようなことが必要ですか。「経済」「環境」の語句を用いて，簡単に書きなさい。

（　　　　　　　　　　　　　　　　　　　　　　　　　　　　　　）

第2章6節 オセアニア州

テストに出る！ **ココが要点** 解答 p.8

1 オセアニア州をながめて
教 p.128～p.129

▶ オセアニア州は，(**❶**　　　　　　　　　)**大陸**とミクロネシア，メラネシア，ポリネシアの太平洋の島々で構成される。

● 気候…オーストラリアの東部・南西部，ニュージーランドは<u>温帯</u>，オーストラリア北部・パプアニューギニアの大部分は<u>熱帯</u>。

▶ オセアニアの島々…火山島と(**❷**　　　　　　　　　)の島で構成。

▶ オセアニアには，オーストラリアの(**❸**　　　　　　　)，ニュージーランドの(**❹**　　　　　　　)などの<u>先住民</u>がいる。

▶ 18世紀以降はヨーロッパの進出により，**キリスト教**が広まる。

▶ オーストラリア・ニュージーランド…(**❺**　　　　　　　)の<u>植民地</u>となっていた。農作物の多くをイギリスに輸出。

● アジア太平洋諸国との貿易が増え，最大の相手国は<u>中国</u>になった。

2 貿易を通じた他地域とのつながり
教 p.130～p.131

▶ オーストラリアやニュージーランドでは羊などの<u>牧畜</u>が盛ん。

● オーストラリアの北東部では牛の飼育が盛ん→オージービーフ。

● 東部や南西部では牧畜と小麦<u>栽培</u>を組み合わせた農業。

▶ オーストラリアの東部には**炭鉱**，北西部には**鉄鉱山**が多い。金・銅・ボーキサイト・ウランなどの鉱山も各地に分布。

▶ オーストラリアは，(**❻**　　　　　　　)(<u>アジア太平洋経済協力</u>)の結成を主導。アジア諸国との結び付きを強化。

3 人々による他地域とのつながり
教 p.132～p.133

▶ 18～20世紀にかけて，オセアニアは<u>欧米</u>諸国の植民地に。

▶ オーストラリア・ニュージーランドなどの国旗には<u>イギリス</u>の国旗が入っており，英語が(**❼**　　　　　　　)となっている。

▶ オーストラリアは，イギリスからの<u>移民</u>が中心となって国づくりが進んだ。1970年代まで(**❽**　　　　　　)<u>主義</u>が<u>採</u>られた。

▶ (**❾**　　　　　　　)とよばれる人々が，オーストラリアに移住。シドニーなどの大都市にはチャイナタウンが形成される。

▶ 近年は，アボリジニの人々の<u>先住民</u>の権利を尊重する政策。

● 多様な人々が暮らす一方，移民の急増に反発もある。課題を解決し，文化を尊重する(**❿**　　　　　　)<u>社会</u>を目指す。

満点★ミッション

❶オーストラリア大陸
オセアニア州にある世界最小の大陸。3分の2は降水量が少ない「乾燥(かんそう)大陸」。

❷さんご礁
さんごによって造られた岩礁(がんしょう)や島。

❸アボリジニ
オーストラリアの先住民。ウルルは聖地。

❹マオリ
ニュージーランドの先住民。「ハカ」というおどりが有名。

❺イギリス
オーストラリアなどを植民地とし，開発を進めた国。

❻APEC
1989年に結成。オーストラリア，中国，日本など太平洋を取り囲む国々・地域が参加。

❼公用語
その国の公(おおやけ)の場で用いられる言語。

❽白豪主義(はくごう)
オーストラリアでヨーロッパ以外からの移民を制限した政策。

❾華人(かじん)
中国にルーツを持つ人々。

❿多文化社会
異なる民族の文化をそれぞれ尊重しあう社会。

テストに出る！
予想問題

第2章 世界の諸地域
6節 オセアニア州

⏱30分

/100点

1 右の地図やグラフを見て，次の問いに答えなさい。　　　10点×5〔50点〕

(1) 地図中のポリ□□□・ミクロ□□□・メラ□□□
に共通してあてはまる語句を書きなさい。

（　　　　　　　）

(2) ニュージーランドを，地図中の**ア〜エ**から選びな
さい。　　　（　　　）

よく出る(3) オーストラリアの先住民を何といいますか。

（　　　　　　　）

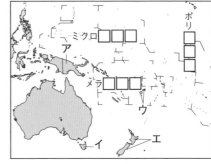

(4) グラフ中の**X**，**Y**にあてはまる国を，
次からそれぞれ選びなさい。

X（　　　）**Y**（　　　）

ア　スペイン　　イ　イギリス
ウ　中国　　　　エ　インドネシア

グラフ　オーストラリアの貿易相手国の変化

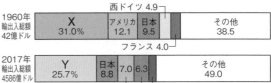

1960年輸出入総額42億ドル	X 31.0%	アメリカ 12.1	日本 9.5	西ドイツ 4.9	フランス 4.0	その他 38.5
2017年輸出入総額4586億ドル	Y 25.7%	日本 8.8	アメリカ 7.0	韓国 6.3	インド 3.2	その他 49.0

（国連資料より）

2 右のグラフや地図を見て，次の問いに答えなさい。　　　10点×5〔50点〕

(1) グラフ中の**A**，**B**にあてはまる輸出品
を，次からそれぞれ選びなさい。

A（　　　）**B**（　　　）

ア　鉄鉱石　　イ　石油
ウ　羊毛　　　エ　ボーキサイト

グラフ　オーストラリアの輸出品の変化

1960年総額19億ドル	A 40.5%	小麦 7.7	肉類 7.2	その他 44.6
2017年総額2302億ドル	B 21.1%	石炭 18.8	天然ガス 8.5	金 5.9	その他 45.7

（国連資料ほかより）

よく出る(2) 石炭の分布を，**地図中のア〜エ**から選びなさい。

（　　　）

(3) オーストラリアで暮らす移民の出身州のうち，1980年代
以降に急増した州を，次から選びなさい。

（　　　）

ア　ヨーロッパ　　　イ　アフリカ
ウ　南北アメリカ　　エ　アジア

地図　オーストラリアの鉱産資源

▲ア　＊イ　◆ウ　■エ

記述(4) オーストラリアが目指している多文化社会とはどのよう
な社会ですか。次の書き出しに続けて，簡単に書きなさい。

多様な民族が共存する中で，

（　　　　　　　　　　　　　　　　　　　　　　　　　）

ちょっとひといき　マーカーで線を引きながら読むと頭に入りやすいかも！

第1章 地域調査の手法

満点ミッション

❶統計資料
さまざまな情報を数値にまとめたもの。

❷仮説
ある現象について，仮に立てた説。

❸国土地理院
国土交通省の付属機関。地形図を発行。

❹縮尺
縮尺2万5000分の1の地形図では，250mが1cmで表される。

❺方位
東西南北の4方位に，北東・北西・南東・南西を加えた8方位など。

❻等高線
縮尺2万5000分の1の地形図では，主曲線が10mごと，縮尺5万分の1の地形図では主曲線が20mごとに引かれる。

❼地図記号
建物や土地利用などを記号で表す。

❽田
稲を刈り取ったあとの形を示す。

❾果樹園
りんご・なしなどの実を横から見た形を示す。

❿老人ホーム
家屋の中に杖がある様子を示す。

テストに出る！　ココが要点　解答 p.9

1 調査の準備　教 p.142～p.147

▶ 自分たちが暮らす地域について，集めた情報を整理し，興味や関心を持ったこと，疑問に思ったことをまとめる。

● 地図や写真を見たり，（❶　　　　　）を調べたりして，地域の特色や課題を考える。

● 古い地図や写真を比較すると，変化がわかる。

▶ 集めた情報を整理して，わかったことなどを書き出す。

● 関連のありそうなものを分類し，キーワードを考える。

● 「自然環境・防災」「人口」「産業や土地利用の変化」「交通の発達や他地域との結び付き」の関連に気を付ける。

▶ テーマが決まったら，（❷　　　　　）を立てる。

▶ 仮説を立てたのち，具体的な調査方法を考え，調査計画を立てる。

▶ 地形図…（❸　　　　　）が発行。2万5000分の1地形図や5万分の1地形図などがある。

● （❹　　　　　）…実際の距離を縮めた割合。

● （❺　　　　　）…指定がなければ，上が北をさす。

● （❻　　　　　）…高さが等しい所を結んだ線。等高線の間隔が広い所は傾斜が緩やか，せまい所は傾斜が急。

● （❼　　　　　）…建物・土地利用・交通路などを示す。

▼主な地図記号

❽（　　　）	◎ 市役所 東京都の区役所	✕ 交番　⊗ 警察署
∨∨ 畑	⊞ 病院	Y 消防署
❾（　　　）	⛩❿（　　　）	⊤ 郵便局
広葉樹林	⛩ 神社	発電所・変電所
針葉樹林	卍 寺院	文 小・中学校
荒地	図書館	⊗ 高等学校
	博物館・美術館	風車

▶ 地形図から，調査地域の**土地利用・地形の特色**をつかむ。

2 野外観察・聞き取り調査／資料を使った調査　教 p.148〜p.151

▶ 調査計画に従い，(⑪　　　　　　　　　　)(野外観察)をする。

● 調査前に(⑫　　　　　　　　)を作成し，フィールドワークの準備をする。

● (⑬　　　　　　　)調査の前に，聞きたい内容を整理し，聞き取り調査票を作成する。

▶ 野外観察や聞き取り調査を行い，新たに気づいたことや疑問を(⑭　　　　　　　)，統計，地図，写真を使い調査を深める。

● (⑮　　　　　　)や図書館，市区町村の役所，郷土資料館などを利用する。

▶ 新旧の地形図や空中写真，景観写真を比較したり，統計データから表やグラフ，(⑯　　　　　　　)図を作成したりすると，地域の特色や変化，課題の様子がわかる。

3 調査のまとめ／調査結果の発表　教 p.152〜p.155

▶ 調査結果をまとめ，調査結果と仮説が一致するか検証する。

● 調査結果と仮説がちがう場合は，「何がどうちがっていたか」を整理し，なぜそのようになっているのか，グループで話し合う。

▼さまざまな地図

(⑰　　　　　　　)　　　(⑱　　　　　　　)

(⑲　　　　　　　)　　　(⑳　　　　　　　)

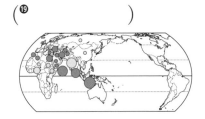

▶ 調査結果はグラフや地図にまとめる。また，考察の流れは文章・図に整理する。

▶ グラフ，表，地図などにまとめて，わかりやすい発表を行う。

● 参考にした資料やデータの入手先，出典を示す。

● 調べてわかったことと，自分たちが考えたこととの区別をつける。口頭で発表するときは，事前に原稿を作る。

テストに出る！ 予想問題

第3編 日本のさまざまな地域
第1章 地域調査の手法

⏱ 30分

/100点

1 身近な地域の調査について，次の問いに答えなさい。　5点×6〔30点〕

(1) 調査テーマについて，次の①〜③の問いの形に書き出しました。これらはどれの視点で調べたらよいですか。あとからそれぞれ選びなさい。

①（　　）　②（　　）　③（　　）

> ①　住んでいる地域で，災害のときに困ることはないだろうか。
> ②　高知県の野菜の，ほかの産地との競争はどうなっているのだろうか。
> ③　市内の路面鉄道の利用者は，どのようにすれば増やせるだろうか。

ア　産業・土地利用　　イ　自然環境・防災
ウ　人口　　　　　　　エ　交通の発達

(2) 地域調査の中で，次の3つの統計資料を見つけました。これらをわかりやすく表現するために，どのようなグラフを使いますか。右のア〜ウからそれぞれ選びなさい。

①（　　）　②（　　）　③（　　）

> ①　高知県の主な野菜の生産量
> ②　高知県の農業産出額にしめる野菜の産出額割合
> ③　高知県の野菜生産量の移り変わり

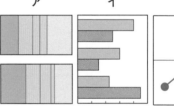

2 右の地形図を見て，次の問いに答えなさい。　5点×7〔35点〕

(1) この地形図を発行する国の機関を何といいますか。
（　　　　　　　　　）

よく出る (2) 「高知城跡」から「こうち」駅まで，地形図上で5cmの長さです。実際の距離は何mですか。
（　　　　　　　　　）

よく出る (3) 「こうち」駅から見て「高知城跡」は，どの方位にありますか。8方位で書きなさい。
（　　　　　　　　　）

(4) A〜Dの地図記号が表している建物・施設をそれぞれ何といいますか。

A（　　　　　　　）　B（　　　　　　　）
C（　　　　　　　）　D（　　　　　　　）

(2万5千分の1「高知」平成20年発行)

　ちょっとひといき　よく出る地図記号は，形と意味をしっかり覚えよう！

3 次の新旧の地形図を見て，あとの問いに答えなさい。　　　5点×3〔15点〕

地形図1　1955年　　「高知」昭和30年発行）　　地形図2　2008年　　「高知」平成20年発行）

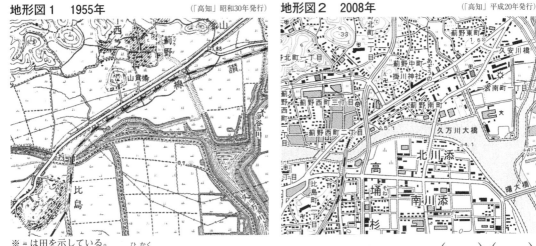

※｜は田を示している。

(1) 地形図1，2を比較して読み取れることを次から2つ選びなさい。　（　　）（　　）

ア　2008年には，「薊野」という地名はまったく残っていない。

イ　2008年に通っている鉄道は，1955年の時点でも通っている。

ウ　久万川大橋や曙大橋は，1955年の時点で造られていた。

エ　1955年から2008年の間に，うめ立てられた川がある。

記述(2) この地域の変化について，「田」「住宅地」の語句を用いて，簡単に書きなさい。

（　　　　　　　　　　　　　　　　　　　　　　　　　　　　　　　　　）

4 右の地形図を見て，次の問いに答えなさい。　　　5点×4〔20点〕

記述(1) AとBで，傾斜が急であるのはどちらですか。また，そのように判断した理由を書きなさい。

記号（　　）

理由（　　　　　　　　　　　）

(2) C地点とD地点の標高差は約何mか，次から選びなさい。　（　　）

ア　約60m　　イ　約90m

ウ　約120m　　エ　約150m

(3) Eは，1辺が2cmの正方形です。Eの範囲の面積を，次から選びなさい。　（　　）

ア　0.1km²　　イ　1km²　　ウ　0.25km²　　エ　2.5km²

第2章 日本の地域的特色と地域区分①

満点★ミッション

❶**変動帯**
火山活動・地震・大地の変動が活発な地域。主なものは太平洋を囲む環太平洋地域と，アルプス山脈周辺〜インドネシア東部に至る地域の2つ。

❷**日本アルプス**
本州の中央部に連なる3000m前後の山々。

❸**フォッサマグナ**
「大きな溝」を意味する大断層。

❹**流域面積**
河川に水（降雨・降雪）が流れこむ面積。

❺**扇状地**
水はけが良いため，甲府盆地などでは果樹栽培に使われる。

❻**三角州**
川の下流の低地。水田や都市が発達。

❼**リアス海岸**
三陸海岸や志摩半島などで見られる，奥行きのある湾と岬が連続する海岸。

❽**大陸棚**
深さ200mまでの平たんな海底。

❾**黒潮**
日本列島の太平洋側を北上する暖流。

❿**親潮**
日本列島の太平洋側を南下する寒流。

テストに出る！ **ココが要点** 解答 p.9

1 地形から見た日本の特色 教 p.158〜p.161

▶ 世界には，山脈や島が連なる（❶　　　　　　　）とよばれる場所がある。

●火山の活動や地震が少ない地域は，**風化・侵食**の影響を受け，地形が平たんになっている。

▼世界の主な変動帯

■変動帯（『理科年表』平成30年 ほか）

▶ 日本列島は陸地の約 **4分の3** が山地と丘陵から成る。

●飛騨・木曽・赤石の3つの山脈を合わせて（❷　　　　　　　）とよぶ。

●（❸　　　　　　　）を境に，東日本と西日本で地形が異なる。

▶ 日本列島を流れる川は，大陸の川と比べると，傾斜が急で，（❹　　　　　　　）がせまい。

▶ 日本は，海に面した**平野**や，山あいの**盆地**などの平らな土地に都市が発達している。

●（❺　　　　　　　）…川が山間部から平野に出た所に形成。

●（❻　　　　　　　）…川が海などに流れこむ所に形成。

●**台地**…高い所に広がる平たんな土地。

▶ 日本の海岸には，岩場が続く**岩石海岸**と，砂におおわれた**砂浜海岸**がある。

●砂浜海岸には，鳥取砂丘のように**砂丘**が発達している所がある。

●東北地方の三陸海岸や志摩半島には，複雑に入り組んだ（❼　　　　　　　）が見られる。

▶ 東日本の太平洋沖には，深さ8000mをこえる**海溝**がある。

●近海には，深さ200mまでの（❽　　　　　　　）が見られる。

●太平洋側を北上する暖流の（❾　　　　　　　）（**日本海流**）と，南下する寒流の（❿　　　　　　　）（**千島海流**）がぶつかる所は，**潮境**とよばれる良い漁場になっている。

テストに出る！

予想問題 第2章 日本の地域的特色と地域区分①

⏱30分

/100点

1 右の地図を見て，次の問いに答えなさい。

10点×5〔50点〕

(1) 変動帯でよく見られる自然災害を，次から2つ選びな
さい。　　　　　　　　　　　（　　）（　　）

　ア　地震　　イ　川のはんらん

　ウ　降雪　　エ　火山の噴火

よく出る (2) Aで示された3つの山脈をまとめて何といいますか。

（　　　　　　　　　）

よく出る (3) Bの地域で見られる，奥行きのある湾と岬が連続する
海岸を何といいますか。

（　　　　　　　　　）

(4) X，Yの海流の組み合わせとして正しいものを，次から選びなさい。　　（　　）

　ア　X＝親潮，Y＝黒潮　　　　　　　イ　X＝黒潮，Y＝親潮

　ウ　X＝リマン海流，Y＝対馬海流　　エ　X＝対馬海流，Y＝リマン海流

2 右の資料を見て，次の問いに答えなさい。

10点×5〔50点〕

(1) 内陸にあって山に囲まれた平地を，次から選びなさい。　　（　　）

　ア　高地　　イ　低地　　ウ　台地　　エ　盆地

(2) 写真1について，次の問いに答え
なさい。

写真1

写真2

よく出る ① この地形を何といいますか。

（　　　　　　　　　）

② 写真1の土地は，甲府盆地で主
にどのように利用されていますか。
次から選びなさい。

（　　）

　ア　畑　　イ　果樹園　　ウ　水田

よく出る (3) 写真2の地形を何といいますか。

（　　　　　　　　　）

記述 (4) 資料を見て，世界と比べた日本の河川の特
色を，簡単に書きなさい。

（　　　　　　　　　　　　　　　　　　　　　　　　）

資料　日本と世界の川の比較

標高(m) 1200 1000 800 600 400 200 0

常願寺川
信濃川
セーヌ川
アマゾン川
（6516km）
ナイル川
（6695km）

0　200　400　600　800　1000　1200　1400
河口からの距離（km）

（「日本の川〈日本の自然3〉」ほか）

第2章 日本の地域的特色と地域区分②

満点★ミッション

❶温暖湿潤気候

日本が属する気候。温帯の中でも，四季がはっきりしている。

❷季節風（モンスーン）

夏は海洋から大陸に，冬は大陸から海洋に向かってふく風。

❸梅雨

6〜7月にかけて，降水量が多い時期。

❹亜熱帯

温帯の中でも，熱帯に近い。

❺冷帯

冬の寒さが厳しい。

❻地震

プレートのずれなどが原因で起こるゆれ。

❼津波

沿岸部に大きな被害をもたらすことがある。

❽冷害

夏の異常低温によって，農作物が不作となる現象。東北地方の太平洋側では，やませとよばれる風が原因となってもたらされる。

❾ハザードマップ

災害の予測地域や避難場所を記した地図。

❿減災

震災などの災害による被害を，できる限り減らそうとする取り組み。

テストに出る！ ココが要点　　解答 p.10

1 気候から見た日本の特色　　教 p.162〜p.163

▶ 温帯は3つの気候区に分けられる。

● 地中海性気候…夏は乾燥し，冬に雨が降る。

● 西岸海洋性気候…一年を通して雨が降る。

● (❶ 　　　　　) 気候…日本など大陸東岸。

▶ 日本の気候は，(❷ 　　　　　) の影響を受ける。

● (❸ 　　　　　) とよばれる降水量の多い時期がある。夏から秋にかけては，台風や熱帯低気圧が通過。

▶ 日本は南北に長く，気候が各地で異なる。

▼日本の気候区分

0　500km

→ 暖流
→ 寒流

親潮（千島海流）
日本海流
釧路
対馬海流
金沢　松本
名古屋
高松
黒潮（日本海流）
那覇

1 北海道の気候　4 太平洋側の気候
2 南西諸島の気候　5 中央高地の気候
3 日本海側の気候　6 瀬戸内の気候

（「理科年表」ほか）

● 南西諸島の気候…(❹ 　　　　) 帯。一年中暖かい。

● 北海道の気候…(❺ 　　　)（亜寒帯）。梅雨がない。

● 日本海側の気候…冬の降水量（雪）が多い。

● 太平洋側の気候…冬はかわいた風がふき，降水量が少ない。

● 瀬戸内の気候…瀬戸内海沿岸。降水量が少ない。

● 中央高地の気候…1年を通して気温が低く，降水量が少ない。

2 自然災害と防災・減災への取り組み　　教 p.164〜p.165

▶ 自然は，さまざまな災害を引き起こすことがある。

● (❻ 　　　　)…土砂くずれ，地盤の液状化。震源が海底の場合には (❼ 　　　) など。

◇ 大規模なものは，東日本大震災のような災害を引き起こす。

● 火山の噴火…溶岩の噴出や火砕流の発生など。

● 高潮，夏の低温による (❽ 　　　　)，干害など。

▶ 災害が起こったときのため，国や都道府県，市区町村は防災計画を立て，(❾ 　　　　)（防災マップ）を作っている。

● 東日本大震災以降，防災・(❿ 　　　　) への取り組みが変化。

ココが要点の答えになります。

テストに出る！
予想問題

第2章 日本の地域的特色と地域区分②

⏱ 30分

/100点

1 右の地図を見て，次の問いに答えなさい。

10点×6〔60点〕

よく出る (1) 次の①〜③の雨温図にあてはまる都市を，地図中ア〜カからそれぞれ選びなさい。

① (　　　)
② (　　　)
③ (　　　)

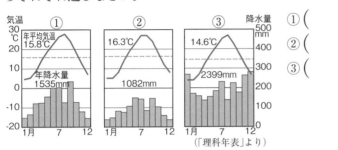

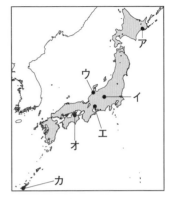

気温　①　②　③　降水量

①年平均気温 15.8℃　年降水量 1535mm
②16.3℃　1082mm
③14.6℃　2399mm

（「理科年表」より）

(2) 6月〜7月にかけての，降水量が多い時期を何といいますか。

(　　　　　　　　　)

(3) 沖縄などの南西諸島や小笠原諸島の気候は，本州や四国・九州と異なり，何とよばれることがありますか。次から選びなさい。　(　　　)

ア 乾燥帯　　イ 冷帯(亜寒帯)　　ウ 熱帯　　エ 亜熱帯

記述 (4) 日本海側の地域で冬に降水量が多い原因を，「季節風」の語句を用いて，簡単に書きなさい。

(　　　　　　　　　　　　　　　　　　　　　　　　　　)

2 次の問いに答えなさい。

10点×4〔40点〕

(1) 次の①・②の文で説明している災害をそれぞれ何といいますか。

① 東北地方の太平洋側でしばしば起こる，夏にあまり気温が上がらず，作物の生育が悪くなる被害。

(　　　　　　　　　)

② 地震の震源が海底にある場合に引き起こされ，高い波がおし寄せる被害。

(　　　　　　　　　)

(2) 防災マップ(ハザードマップ)に示されていることとしてあてはまるものを，次から2つ選びなさい。　(　　　)(　　　)

ア 今後，地震や火山の噴火が起こる危険性の度合い

イ 災害が起こる原因についての研究成果

ウ 地震や洪水などが起こった場合の被害の予測

エ 災害が起こったときの避難場所や避難経路

第2章 日本の地域的特色と地域区分③

満点ミッション

テストに出る！ **ココが要点**　　解答 p.10

1 人口から見た日本の特色　　教 p.168～p.169

❶少子高齢化
少子化と高齢化が進んだ状態。少子化は総人口にしめる子どもの割合が減ること、高齢化は高齢者の割合が増えること。

❷人口ピラミッド
人口を年齢と性別に分けて表した図。

❸人口密度
人口（人）÷面積（km²）で求められる。

❹三大都市圏
東京、名古屋、大阪を中心とする都市圏。

❺地方中枢都市
その地方で中心となる都市。

❻政令指定都市
政府に指定された都市。多くの事務を都道府県に代わって行う。

❼過密
人口が密集している状態。

❽ドーナツ化現象
郊外につくられたニュータウンの人口が増加した。

❾都心回帰
再開発などにより、都心部の人口が再び増加する現象。

❿過疎
人口の減少が著しく、地域社会の維持が困難な状態。

▷　日本は1940年代後半の「ベビーブーム」以降、人口が増え続けた。

● 1980年代になると、出生数が減り、高齢者が増加してきた。その結果、（❶　　　　　　　）化が進んだ。

● 2010年以降は人口が減少している。

▷　日本の（❷　　　　　　　）ピラミッドは、「富士山型」から「つりがね型」、「つぼ型」に変化してきた。

▷　人口（❸　　　　　　　）の高い地域は、東京都、神奈川県、大阪府、愛知県などに集中している。

● 高度経済成長期になると、東京、大阪、名古屋を中心とする（❹　　　　　　　）が形成。

● 新幹線や高速道路の発達により、札幌、仙台、広島、福岡などの（❺　　　　　　　）都市が成長。

● 新潟、岡山、熊本などの（❻　　　　　　　）都市も地域の中心都市として成長している。

▷　人口や企業の集中で（❼　　　　　　　）となった都市…交通渋滞や住宅不足、大気汚染などの公害、ごみ問題などが発生した。

● 大都市では、都心部の人口が減少し、郊外の人口が増加する（❽　　　　　　　）が見られた。

● 1990年代になると、都心部の再開発が進み、都心部の人口が増加する（❾　　　　　　　）の現象が起こった。

▷　農村や漁村などでは、人口減少と高齢化が問題となっている。

● （❿　　　　　　　）が問題となっている地域では、経済活動がおとろえ、社会生活の維持が困難になっている。

◇ このような地域は山間部や離島を中心に、全国に広がる。

● IターンやUターンという形で農村に移り住む人も見られる。

▼日本の人口の移り変わり

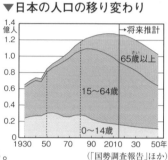

（「国勢調査報告」ほか）

▼三大都市圏への人口集中

	大阪圏		名古屋圏		
1950年 8320万人	東京圏 15.7%	11.7	7.7	その他 64.9	
2015年 1億 2709万人	28.4%	14.4	8.9	48.3	

東京圏：東京都、埼玉県、千葉県、神奈川県
大阪圏：大阪府、京都府、兵庫県、奈良県
名古屋圏：愛知県、岐阜県、三重県
（「国勢調査報告」）

ココが要点の答えになります。

テストに出る！

予想問題　第2章 日本の地域的特色と地域区分③

🕐 30分　/100点

1 右の地図を見て，次の問いに答えなさい。　10点×3〔30点〕

(1) 地図中の東京，大阪，名古屋で形成されている，特に人口密度の高い都市圏を何といいますか。

（　　　　　　　　　）

よく出る (2) 地図中の仙台のように，その地方で中心となる都市を何といいますか。（　　　　　　　　　）

(3) 地図中の東京を除く都市は，いずれも政府によって指定を受けた人口が特に多い都市です。このような都市を何といいますか。（　　　　　　　　　）

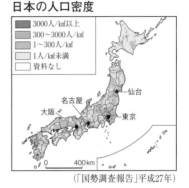

日本の人口密度

- 3000人/km²以上
- 300〜3000人/km²
- 1〜300人/km²
- 1人/km²未満
- 資料なし

（「国勢調査報告」平成27年）

2 次の問いに答えなさい。　10点×7〔70点〕

よく出る (1) ①過密の状態になった都市で見られる現象，②過疎が問題になっている地域で見られる現象を，次からそれぞれ選びなさい。　①（　　　）②（　　　）

ア　新幹線や高速道路などの高速交通網の整備が進む。

イ　病院や学校が閉鎖されたり，社会生活の維持が困難になったりする。

ウ　交通渋滞や住宅不足，大気汚染などの問題が起こる。

エ　医療技術が発達し，人口全体の寿命がのびる。

(2) 東京で起こった次の①〜③の現象をそれぞれ何といいますか。

① 土地の有効活用をめざして，都心部で計画的に開発し直すこと。（　　　　　　　　　）

② 都心部の人口が減り，郊外の人口が増加すること。（　　　　　　　　　）

③ 郊外よりも都心に近い地域の人口が回復すること。（　　　　　　　　　）

(3) 都市部の出身の人が，農村に移住することを何といいますか。（　　　　　　　　　）

記述 (4) 日本の人口の変化の様子について，次の**資料**を参考に「少子高齢化」の語句を用いて，簡単に書きなさい。

資料　日本の人口ピラミッドの変化

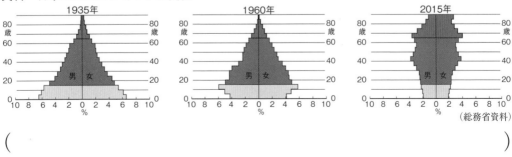

（総務省資料）

（　　　　　　　　　　　　　　　　　　　　）

第2章 日本の地域的特色と地域区分④

満点★ミッション

❶鉱産資源
エネルギー源や工業原料として利用される資源。

❷水力発電
ダムの水を利用して発電する。

❸火力発電
石油・石炭・天然ガスなどの鉱産資源を利用して発電する。

❹地球温暖化
地球全体の気温が上がること。

❺原子力発電
核分裂の熱を利用。東日本大震災で，発電所の事故が起きた。

❻再生可能エネルギー
くり返し使用できるエネルギーのこと。

❼リサイクル
資源を回収して再生利用すること。

❽食料自給率
ある地域で消費された食料がその地域で生産されている割合。

❾太平洋ベルト
太平洋沿いに発達した臨海型の工業地域。

❿加工貿易
原料を輸入し，工業製品を造って輸出する貿易。

⓫産業の空洞化
国内の産業・地域経済が衰退すること。

テストに出る！ ココが要点　　解答 p.11

1　資源・エネルギーから見た日本の特色　　教 p.170～p.171

▶ （❶　　　　　）**資源**…石油，石炭，鉄鉱石などの鉱物。

● 石炭…世界中に分布。

● 石油…ペルシャ湾岸からカスピ海沿岸などに集中。

▶ 日本は，ほとんどの鉱産資源を外国からの輸入に依存。
エネルギー自給率が著しく低い。

▶ 日本の電力…1950年代までは（❷　　　　　）**発電**に依存。(2017年)
現在は石油や石炭などを燃料とする（❸　　　　　）**発電**が
中心。（❹　　　　　）の原因となる温室効果ガスの排出。

● （❺　　　　　）**発電**…電力は安定。その在り方を議論。

▶ 日本では,太陽光・風力などの（❻　　　　　）**エネルギー**
の利用が進む。ごみを減らすため，リデュース(ごみの減量)・リ
ユース(再利用)・（❼　　　　　）なども盛ん。

▼日本の主な鉱産資源の輸入相手国

石炭
1.9億t

インドネシア	ロシア その他

| オーストラリア 61.8% | 16.6 | 9.4 | 12.2 |

石油
1.9億kL

アラブ首長国連邦
サウジアラビア　　クウェート　ロシア　その他

| 40.2% | 24.2 | 7.3 | 7.1 | 5.8 | 5.5 | 9.9 |

カタール　イラン
(貿易統計より)

2　産業から見た日本の特色　　教 p.172～p.173

▶ 農産物の貿易の自由化→日本の（❽　　　　　）は低下。

● 農家の工夫…有機栽培や産地直送など。品質が高く安全。

● 交通網の整備…冷凍したまま輸送する技術の発達。

▼主な農産物の自給率の移り変わり

米／野菜／肉類／果実／小麦／魚介類
1960 70 80 90 2000 10 16年度
(「食料需給表」より)

● 地域の活性化…伝統工芸・地場産業・観光業などを組み合わせる。

▶ （❾　　　　　）に工業地域が集まる。1970年代以降は，
高速道路などの整備により内陸型の新しい工業地域が発達。

● 日本は,（❿　　　　　）に頼ってきた。1980年代後半から
海外での現地生産が増え，国内で（⓫　　　　　）が問題。

▶ 日本の**第三次産業**の就業者数は，全就業者数の7割をこえる。

● インターネットが普及し，**ICT(情報通信技術)産業**が発達。これらの企業は，東京・大阪・名古屋の**三大都市圏**に集中。

第2章 日本の地域的特色と地域区分④

⏱30分　/100点

1 右の地図を見て，次の問いに答えなさい。　10点×5〔50点〕

(1) A〜Cにあてはまる発電所を書きなさい。

A（　　　　　）
B（　　　　　）C（　　　　　）

(2) 再生可能エネルギーにあてはまるものを，次から選びなさい。（　　）

ア　火力発電　イ　原子力発電
ウ　風力発電

(3) 再生可能エネルギー利用の試みとしてあてはまらないものを，次から選びなさい。（　　）

ア　家電製品からレアメタルを回収する。　イ　山間部にダムを造る。
ウ　再生可能エネルギーを買い取る。　エ　住宅に太陽光パネルを設置する。

日本の主な発電所の分布

○ A（2017年現在）
▲ B
★ C
※2020年現在で廃炉が決定した発電所を除く。

0　400km

（「電気事業便覧」2017年版ほか）

2 右の地図を見て，次の問いに答えなさい。　10点×5〔50点〕

(1) Xは，太平洋の臨海部に形成された工業地域です。この地域は，特に何とよばれていますか。

（　　　　　）

(2) A，Bにあてはまる工業地帯・工業地域名を，あとの文を参考にしてそれぞれ書きなさい。

A（　　　　　）B（　　　　　）

A　愛知県・三重県の臨海部を中心として広がる。
B　岡山県・広島県・山口県・香川県・愛媛県の臨海部を中心として広がる。

(3) 右の地図を見て，第三次産業の就業者数が75％以上になる都道府県を，次から選びなさい。（　　）

ア　新潟県　イ　沖縄県
ウ　広島県　エ　静岡県

(4) 加工貿易とはどのようなものか，「原料」「製品」の語句を用いて，簡単に書きなさい。

（　　　　　　　　　　　　）

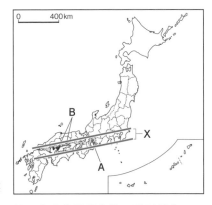

0　400km

第三次産業就業者数の県別割合

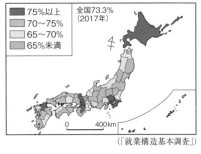

75％以上　全国73.3%（2017年）
70〜75％
65〜70％
65％未満

0　400km

（「就業構造基本調査」）

第2章 日本の地域的特色と地域区分⑤

満点★ミッション

テストに出る！ ココが要点　解答 p.11

1 交通・通信から見た日本の特色　教 p.174～p.175

▶ 近距離の移動…鉄道・バス・自動車など。

● (**①**　　　　　　　) となっている地域では，利用者が減少した鉄道・バスの路線が廃止されるという課題がある。

▼JR線（鉄道）と航空機の利用割合

区間	JR線	航空機
東京－秋田間	JR線54.0%	航空機46.0%
東京－大阪間	73.3	26.7
東京－岡山間	61.9	38.1
東京－広島間	58.1	41.9
東京－福岡間	92.4	7.6

（2012年度）　（国土交通省資料より）

▶ 300～500kmの中距離の移動…**新幹線**など。

▶ 長距離の移動…
(**②**　　　　　　　) の利用。

▶ 貨物の輸送…トラックなどによる自動車での輸送の割合が高い。

● (**③**　　　　　　　) 機器やその部品などのように，軽量・高価な工業製品の輸送には航空機が利用される。

● 重くて体積が大きい石油などの原料や鉄鋼などの工業製品の輸送には，大型船による海上輸送が利用される。

◇環境に配慮し，複数の輸送手段を組み合わせることもある。

▶ 1960年代から，航空網など (**④**　　　　　　　) 網の整備が進む。

● 東京，名古屋，大阪を中心とする (**⑤**　　　　　　　) では，環状の高速道路が整備。リニア中央新幹線の建設が進む。

◇地方都市間を結ぶ交通網の整備は進んでいない。

▶ 日本には，千葉県の成田空港や大阪府の関西空港などに代表される (**⑥**　　　　　　　) 空港がある。

● 大量の (**⑦**　　　　　　　) を積み下ろしできる港も整備。

▶ 日本は通信ケーブルや通信衛星を利用した (**⑧**　　　　　　　) を整備。(**⑨**　　　　　　　) を使ったケーブル網の整備により，大容量の情報を高速で送れるようになった。

● (**⑩**　　　　　　　)…**通信販売**の普及など，消費生活が変化。

2 日本を地域区分しよう　教 p.176～p.177

▶ 自然環境，人口，資源・エネルギーと産業，交通・通信に着目した地域区分。

● 地域区分の境界は目安である点に注意。

---

❶**過疎**
人口が都市に流出し，地域社会の維持が難しくなること。

❷**航空機**
長距離の移動や電子機器，花き・新鮮な野菜などの輸送に利用。

❸**電子機器**
パソコン・携帯電話などの工業製品。

❹**高速交通網**
新幹線や航空機のように，短時間で移動できる交通網の総称。

❺**三大都市圏**
東京大都市圏・名古屋大都市圏・大阪大都市圏の総称。日本の人口が集中している。

❻**国際空港**
外国の空港と国際線で結ばれている。

❼**コンテナ**
貨物輸送で用いられる大型の箱。

❽**情報通信網**
インターネットなどを利用した通信網。

❾**光ファイバー**
光を通すガラス繊維。高速で情報の大量伝達を可能にした。

❿**インターネット**
世界各国のネットワークを，回線を利用して相互に結ぶ。

テストに出る！

予想問題　　**第2章　日本の地域的特色と地域区分⑤**

🕐 30分

/100点

1 右の資料を見て，次の問いに答えなさい。　　10点×5〔50点〕

(1) 右のグラフ中A～Cのうち，A・Cにあてはまる輸送手段を，次からそれぞれ選びなさい。A（　　　）C（　　　）

　ア　航空機　　イ　船舶　　ウ　自動車　　エ　鉄道

(2) 国内の人の移動で，長距離の場合に多く用いられる交通手段は何ですか，次から選びなさい。　　（　　　）

　ア　バス　　　イ　自動車

　ウ　新幹線　　エ　航空機

(3) 海上輸送とほかの交通手段を組み合わせた輸送方式が増えてきている理由の1つとしてあてはまるものを，次から選びなさい。　　（　　　）

　ア　環境への配慮　　イ　海外旅行へ行く人の増加

　ウ　船舶の高速化　　エ　工業原料の輸入の増加

(4) 右のグラフ中のZにあてはまる語句を，次から選びなさい。　　（　　　）

　ア　インターネット　　イ　パソコン　　ウ　スマートフォン

▼国内の貨物輸送の変化

			C→
1960年度 15.3億t	A75.4%	B 15.5	9.1
1980年度 59.9億t	88.8%		2.8 8.4
2016年度 47.9億t	91.5%		0.9 7.6

0　20　40　60　80　100%
（「交通経済統計要覧」平成27・28年版より）

▼パソコン，インターネット，スマートフォンの普及*の推移

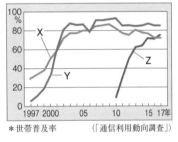

*世帯普及率　　（「通信利用動向調査」）

2 右の地図を見て，次の問いに答えなさい。　　10点×5〔50点〕

(1) 平均年齢48歳をこえ，第一次産業就業者数の割合が8％以上の県を，次から2つ選びなさい。

　　（　　　）（　　　）

　ア　長野県　　イ　新潟県

　ウ　島根県　　エ　鳥取県

地図1　都道府県別の平均年齢

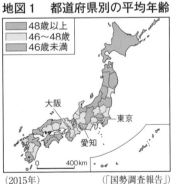

| 48歳以上 |
| 46～48歳 |
| 46歳未満 |

大阪　東京　愛知

0　400km
（2015年）　（「国勢調査報告」）

地図2　第一次産業就業者数の割合

| 8％以上 |
| 4～8％ |
| 4％未満 |

0　400km
（2015年）　（「国勢調査報告」）

(2) 地図1中の東京都，愛知県，大阪府を中心に広がる都市圏をまとめて何といいますか。　　（　　　　　　）

(3) 地図2で第一次産業就業者数の割合が8％以上である県は，どのような県と考えられますか。地図1も参考にして，次から2つ選びなさい。　　（　　　）（　　　）

　ア　少子高齢化が進んでいる。　　イ　人口が増加し続けている。

　ウ　農林水産業が盛んである。　　エ　農林水産業がほとんど行われていない。

ちょっとひといき　問題をたくさん解くことで，パターンに慣れよう！

第3章 日本の諸地域　1節 九州地方

テストに出る！ ココが要点
解答 p.12

1 九州地方をながめて　教 p.186～p.187

▷ 地形…噴火でくぼんでできた（**❶**　　　　　　）も見られる。

● 鹿児島県など九州南部には（**❷**　　　　　　）が広がる。

▷ 気候…対馬海流と黒潮（日本海流）が流れ，冬でも温暖。

● 屋久島より南の島々は海水が温かく，（**❸**　　　　　　）が発達。

● 梅雨前線や台風の影響で降水量が多い。豪雨になることも。

▼九州地方の自然環境

筑紫平野　筑後川　阿蘇山　九州山地　有明海　宮崎平野　桜島　屋久島　種子島　シラス台地

2 自然環境に適応する人々の工夫　教 p.188～p.189

▷ 桜島，霧島山など多くの火山。→火山灰対策を行う。

▷ 夏から秋にかけて，梅雨だけでなく台風も通過。強風への備え。

● 雨が続くと，シラスの広がる地域で（**❹**　　　　　　）の被害が出ることがある。適切な樹木の量を保つため間伐を行う。

3 自然の制約の克服と利用　教 p.190～p.191

▷ 九州には多くの温泉。全国の源泉の約3分の1が集中。

● 太陽光など再生可能エネルギーを利用した発電も行われている。

▷ 筑紫平野では，米と麦を作る（**❺**　　　　　　）が盛ん。

▷ 水を保ちにくいシラスが広がる南部は，畑作・畜産が盛ん。

● 「かごしま黒豚」など，良質な肉を生産してブランド化。

▷ 宮崎平野では（**❻**　　　　　　）栽培が行われている。

▷ 沖縄県には，さんご礁が広がる美しい海。→観光業に利用。

● （**❼**　　　　　　）開発などで土壌が海に流出し，さんごが死滅する被害が出ている。→自然保護を学ぶエコツアーの実施。

4 持続可能な社会をつくる　教 p.192～p.193

▷ 北九州市…かつて大気汚染などの（**❽**　　　　　　）が発生。
→現在はリサイクル工場を集めた（**❾**　　　　　　）を形成。

▷ 水俣市…かつて四大公害病の一つである水俣病が発生した。

▷ （**❿**　　　　　　）な社会…資源を循環させて産業を育て，未来の人々により良い社会を伝え残していく取り組み。

満点★ミッション

❶カルデラ
火山の溶岩がふき出した跡がくぼんでできた地形。阿蘇山などで見られる。

❷シラス
火山灰が積もってできた地形。

❸さんご礁
さんごによってできた岩や島。

❹土石流
豪雨などによって水をふくんだ砂や泥などが，一気に山の斜面を流下する現象。

❺二毛作
同じ耕地で，1年に二度，異なる作物を栽培すること。

❻促成栽培
冬の温暖な気候を利用し，ビニールハウスなどで出荷時期を早める栽培方法。

❼リゾート
保養地・行楽地。主に長期滞在を目的とする。

❽公害
大気汚染・水質汚濁など，人々の健康・生活環境を害するもの。

❾エコタウン
廃棄物ゼロを目指す事業。

❿持続可能な社会
将来にわたって発展を続けていける社会。

テストに出る！

予想問題

第3章 日本の諸地域
1節 九州地方

🕐 30分

/100点

1 右の地図を見て，次の問いに答えなさい。　　　　10点×5〔50点〕

(1) 阿蘇山や桜島の周囲に見られる，火山の噴火口が
くぼんでできた地形を何といいますか。

（　　　　　　　）

(2) 右の雨温図が示す都市を，地図中の**ア〜ウ**から選
びなさい。　　　　　　　　　　（　　　）

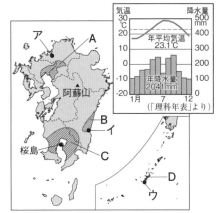

よく出る (3) 次の文にあてはまる地域を，地図中の**A〜D**から
それぞれ選びなさい。

①（　　　）　②（　　　）

① 暖かい気候を利用した野菜の促成栽培が盛ん。

② 土地がやせていて水持ちが悪いため，畑作や畜産が盛ん。

(4) 台風や梅雨前線の影響で，九州で起こりやすい自然災害を，次から選びなさい。

（　　　）

ア 土壌の流出によって起こるさんごの死滅。

イ 夏の低温で，稲などの作物が不作となる冷害。

ウ 東アジアの工場で排出された大気汚染物質が風に乗って流れてくる現象。

エ 火山性の地層のために引き起こされる土砂くずれ。

2 次の問いに答えなさい。　　　　　　　　　　10点×5〔50点〕

(1) 図1が示す発電方法を，次から選びなさい。

ア 原子力　　**イ** 水力　　　　　　（　　　）

ウ 地熱　　　**エ** 火力

図1 ある発電方法の地方別割合

その他5.4

総発電出力量
52.7万kW ｜ 東北51.6% ｜ 九州43.0 ｜

(2016年)

よく出る (2) 図2が示す家畜を，次から選びなさい。

ア 肉牛　　**イ** 豚　　　　　　　（　　　）

ウ 乳牛　　**エ** 肉用若鶏(ブロイラー)

図2 ある家畜の県別飼育数割合

北海道
20.7%

その他
47.9

250
万頭

鹿児島
12.9

岩手3.7

9.8
宮崎
5.0
熊本

(2017年)(「畜産統計調査」より)

記述 (3) 筑紫平野で行われている二毛作とはどのような栽培方法か，簡単
に書きなさい。

（　　　　　　　　　　　　　　　）

(4) 四大公害病の一つが発生した熊本県の都市はどこですか。

（　　　　　　　　）

(5) (4)の都市や北九州市に造られた，ペットボトルや自動車部品などの廃棄物をリサイクル
する工業団地を，カタカナで何といいますか。

（　　　　　　　　）

第3章 日本の諸地域　2節 中国・四国地方

満点☆ミッション

❶山陰
鳥取県・島根県・山口県の北部をあわせた地域。

❷本州四国連絡橋
中国地方と四国地方を結ぶ複数の橋の総称。

❸瀬戸大橋
児島・坂出ルート。岡山県と香川県を結ぶ。

❹ストロー現象
本州四国連絡橋の開通により、四国地方から中国地方に通勤・通学する人が増加した。

❺瀬戸内工業地域
瀬戸内海沿岸に発達した工業地域。

❻石油化学コンビナート
石油化学に関する工場が複数結び付いている地域。

❼促成栽培
冬でも温暖な気候を生かして、野菜の生長を早める栽培方法。

❽養殖
いけすなど、人工的な池で魚介類を大きくなるまで育てる漁業。

❾過疎化
人口減少が進んでいく状態。

❿町おこし・村おこし
地域の活性化を目指す活動。

テストに出る！ **ココが要点**　解答 p.12

1 中国・四国地方をながめて　教 p.198〜p.199

▷ 地域区分…中国山地より北を（❶　　　　　　　　）、四国山地より南を南四国、中国山地と四国山地にはさまれた地域を瀬戸内。

▷ 気候…山陰は、冬に北西の季節風の影響を受け、雪が多い。瀬戸内は一年中降水量が少ない。

▷ 讃岐平野では、ため池を造るなどして水を確保してきた。

▷ 中国地方と四国地方は（❷　　　　　　　　）で結ばれている。

2 交通網の整備と人や物の移動の変化　教 p.200〜p.201

▷ 本州四国連絡橋は、（❸　　　　　　　　）、明石海峡大橋・大鳴門橋、瀬戸内しまなみ海道の3つのルートがある。
●瀬戸内海をわたり、通勤・通学する人が増加。

▷ 交通網の発達で、都市と農村との間の移動時間が縮まり、大都市へ人が吸い寄せられる（❹　　　　　　　　）現象が見られるようになった。→地方の都市や農村の商業が落ちこむことも。

3 交通網が支える産業とその変化　教 p.202〜p.203

▷ 人口…瀬戸内海の沿岸の都市に集中。
●広島市、岡山市、松山市などは城下町を起源として発展。

▷ 工業…交通の便を生かし、（❺　　　　　　　　）工業地域が形成。
●岡山県倉敷市などに製鉄所、倉敷市の水島地区や愛媛県新居浜市などに石油化学（❻　　　　　　　　）を建設。

▷ 農業・漁業…高知県では、なす・ピーマンの（❼　　　　　　　　）栽培、広島県ではレモン、愛媛県ではみかん、鳥取県ではなしの生産が盛ん。瀬戸内海では、魚介類の（❽　　　　　　　　）が盛ん。広島県のかき、愛媛県のまだいなど。

4 活用される交通・通信網　教 p.204〜p.205

▷ 山間部や瀬戸内海の島々では、（❾　　　　　　　　）化が進む。

▷ 過疎の課題に直面している市町村では、地域の状況に応じた町おこし・（❿　　　　　　　　）が行われている。

テストに出る！
予想問題

第3章 日本の諸地域
2節 中国・四国地方

🕐 30分

/100点

1 右の地図を見て，次の問いに答えなさい。　　　　　　　　　　　　10点×4〔40点〕

よく出る (1) 右の雨温図が示す都市を，地図中の**ア〜ウ**から選びなさい。　　　　　　　　　　（　　　）

(2) 中国地方と四国地方をつなぐ，地図中の**X**のルートをまとめて何といいますか。
　　　　　　　　　（　　　　　　　　）

(3) (2)の交通網が整備された結果として起こったことを，次から2つ選びなさい。　（　　）（　　）

ア 中国地方から四国地方に通勤・通学する人が増えた。

イ 四国地方から中国地方に通勤・通学する人が増えた。

ウ 近畿地方から四国地方へ買い物や観光をしに行く人が増えた。

エ 四国地方から近畿地方の神戸や大阪へ買い物や観光をしに行く人が増えた。

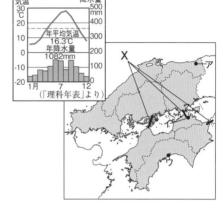

気温 ℃　　　降水量 mm
年平均気温
16.3℃
年降水量
1082mm
（「理科年表」より）

2 右の地図を見て，次の問いに答えなさい。　　　　　　　　　　　　10点×6〔60点〕

(1) 地図中の**X**の都市は城下町を起源として発展した都市であり，自動車関連の企業が集中しています。中国・四国地方で最も人口が多いこの都市名を書きなさい。（　　　　　　　　　）

(2) 地図中の**A**，**B**の地域で盛んに栽培されている農作物を，次からそれぞれ選びなさい。

　　　　　　　A（　　）　B（　　）

ア ピーマン　イ レモン　ウ なし　エ みかん

(3) ⬭に広がる工業地帯・地域を何といいますか。　　　　　　（　　　　　　　　　）

(4) 右のグラフは大阪市場への何の野菜の入荷額を示していますか。次から選びなさい。（　　）

ア きゅうり　イ 小麦

ウ ねぎ　　　エ なす

			岡山9.8	
26.9億円	高知19.0%	熊本17.1	大阪13.0 福岡11.6	その他29.5

（2013年）　　　　　　　（大阪市中央卸売市場資料）

記述 (5) 広島県のかきや愛媛県のまだいなど，瀬戸内海が養殖に適している理由を，簡単に書きなさい。

（　　　　　　　　　　　　　　　　　　　　　　　　　　　）

第3章 日本の諸地域　3節 近畿地方

満点★ミッション

テストに出る！　ココが要点　解答 p.13

❶リアス海岸
複雑に入り組んだ海岸。湾内は波がおだやかなので，養殖に適している。

❷大阪大都市圏
神戸，奈良，京都をふくむ，大阪を中心とした地域。

❸阪神工業地帯
大阪湾の臨海部に広がる工業地帯。

❹再開発
都市機能を再度つくり直すこと。大阪では，工場の跡地で積極的に進める。

❺ニュータウン
大都市の郊外につくられた住宅地。

❻うめ立て
海・湖を陸地にすること。

❼ターミナル駅
列車が始発し，終着する駅。

❽過疎化
人口が都市部に流出した状態。人口に対する高齢者の割合が高くなる。

❾林業
森林を保護し，木材を生産する産業。

❿地域ブランド
地域の活性化を目指し，地域の特長を生かした商品をつくること。

1 近畿地方をながめて　教 p.210〜p.211

▷　自然…若狭湾や志摩半島には，（**❶**　　　　　）海岸が見られる。南部には険しい紀伊山地が広がる。

▷　気候…北部は北西からふく季節風の影響で雨や雪が多い。南部の紀伊山地は降水量が多く，すぎやひのきの林業が行われている。

▷　人口…中央部の平野・盆地に集中。大阪市の人口は，1960年代後半から減少。

▼近畿地方の自然環境

若狭湾　琵琶湖
京都盆地
大阪平野
淀川　奈良盆地
志摩半島
紀伊山地
熊野川
135°

2 大都市圏の形成と都市の産業　教 p.212〜p.213

▷　大阪平野に人口が集中。（**❷**　　　　　）圏を形成。

▷　工業…大阪湾の臨海部のうめ立て地に製鉄所・石油化学コンビナートの建設→（**❸**　　　　　）地帯の中心として発展。

●大阪市の臨海部の（**❹**　　　　　）→オフィスビルの建設。

●東大阪市には，中小企業が経営する多くの工場。

◇住宅地の中にある中小工場から出る騒音・振動などの規制。

3 ニュータウンの建設と都市の開発　教 p.214〜p.215

▷　（**❺**　　　　　）…1960年代以降に建設。千里や泉北。

●ニュータウンの建設で丘陵地をけずった土は，臨海部の（**❻**　　　　　）・人工島の建設に利用。

▷　大阪市の中心部…梅田など（**❼**　　　　　）駅周辺で再開発。

▷　京都市などの都市部では，歴史的な町並みの保存が課題。

●景観を保存するために建物を規制する条例が定められている。

4 変化する農村の暮らし　教 p.216〜p.217

▷　山間部や離島では，（**❽**　　　　　）化が進む。

▷　奈良県川上村は，日本の（**❾**　　　　　）の中心地。

●外国から安い木材が大量に輸入され，林業が衰退。

▷　「和束茶」のような地域（**❿**　　　　　）の立ち上げ。

●新しい商品の開発やインターネットでの販売。

テストに出る！

予想問題

第3章 日本の諸地域
3節 近畿地方

🕐 30分

/100点

1 右の地図を見て，次の問いに答えなさい。

10点×5〔50点〕

よく出る

(1) 右の雨温図が示す都市を，地図中ア〜ウから
選びなさい。　　　　　　　　　（　　）

(2) Aの湖の名前を書きなさい。

（　　　　　　　　　）

(3) 高度経済成長の時期から建設され，阪神工業
地帯の発展の中心となった工場を，次から2つ
選びなさい。　　　　　（　　）（　　）

ア　石油化学コンビナート　　イ　せんい工場

ウ　製鉄所　　　　　　　　　エ　食料品工場

(4) 大阪市の臨海部で進められている，都市機能を計画的につくり直すことを何といいます
か。　　　　　　　　　　　　　　　　　　　　　　　　（　　　　　　　　　）

2 次の問いに答えなさい。

10点×5〔50点〕

(1) 大阪府の千里・泉北などのニュータウンで問題になっていることを，次から2つ選びな
さい。　　　　　　　　　　　　　　　　　　　　　　（　　）（　　）

ア　土地の価格が高くなったこと。　　イ　住民の少子高齢化が進んだこと。

ウ　建物が老朽化したこと。　　　　　エ　高層マンションが建設されたこと。

(2) 右の図は，神戸市の主なうめ立て区域を示して
います。図中のXにあてはまる，医療研究施設が
集まる地区を，次から選びなさい。　（　　）

ア　ポートアイランド　　イ　エコタウン

ウ　ターミナル駅　　　　エ　環境モデル都市

六甲アイランド

☐ 主なうめ立て区域
•••• 新幹線（トンネル部）
— 主な鉄道

(3) 地域ブランドの例として正しいものを，次から選びなさい。　　　　　　（　　）

ア　商店の移動販売

イ　地域の特性を生かした商品の販売

ウ　劇場や遊園地の建設

エ　大型商業ビルの建設

記述 (4) 右の写真の店は，看板の色や窓の部分を，ほかの地域の店
と変えています。その理由を，簡単に書きなさい。

（　　　　　　　　　　　　　　　　　　　　　　）

京都市内のドラッグストア

第3編 日本のさまざまな地域

第3章 日本の諸地域　4節 中部地方

満点★ミッション

テストに出る！ **ココが要点** 解答 p.13

❶信濃川

日本一長い河川。長野県・新潟県を流れ，日本海に注ぐ。

❷日本アルプス

日本の中央部に連なる飛驒，木曽，赤石の3つの山脈の総称。

❸東海

中部地方の太平洋側。

❹北陸

中部地方の福井，石川，富山，新潟の4県をふくむ地域。

❺中央高地

中部地方の長野県，岐阜県の中部・北部，山梨をふくむ地域。

1 中部地方をながめて　教 p.222〜p.223

▷ 地形区分…飛驒山脈・木曽山脈・赤石山脈の標高3000m級の山々が連なる。

● 河川の上流部に盆地，河口に平野が広がる。

▷ 気候…中部地方は3つの気候に分けられる。

● (❸　　　　　)…冬に乾燥。ほとんど雪は降らない。

● (❹　　　　　)…冬は季節風の影響を受けて積雪が多い。

● (❺　　　　　)…冬は0℃を下回る日が多い。夏は標高が高いため，すずしくて過ごしやすい気候。

▷ 中部地方は，人口が多く，7地方の中で最も工業生産額が高い。

▼中部地方の自然環境

(❶　　　　)川

(❷)とよばれている

越後平野

飛驒山脈

御嶽山

木曽山脈

木曽川

濃尾平野 輪中地帯が見られる

赤石山脈

浅間山

甲府盆地

富士山

渥美半島

❻名古屋大都市圏

名古屋市を中心とした都市圏。

❼自動車

名古屋港から大型の自動車運搬船で世界各地に運ばれている。

❽中京工業地帯

名古屋市を中心とした，工業生産額が日本最大の工業地帯。

❾東海工業地域

静岡県の沿岸部に広がる工業地域。

❿施設園芸農業

温室やビニールハウスを利用して行う農業。

2 特色ある東海の産業　教 p.224〜p.225

▷ 名古屋市…中央省庁の出先機関や大企業の本社などが見られる。(❻　　　　　)圏を形成。

▷ 愛知県の工業…せんい工業の技術を利用し，1930年代から(❼　　　　　)生産が始まる。

● 豊田市周辺に多くの自動車関連工場が集まる。

　◇完成した自動車は，高速道路や埠頭を活用して輸送している。

● 三重県四日市市に石油化学コンビナート，愛知県東海市に製鉄所。→名古屋市を中心に(❽　　　　　)工業地帯を形成。

▷ 静岡県の工業…太平洋岸には(❾　　　　　)工業地域が広がる。オートバイや楽器の製造，製紙工業が盛ん。

▷ 東海の農業…静岡県では，牧ノ原で茶の栽培。沿岸部でみかんの栽培。温室を利用していちご・メロンの生産。

● 愛知県の知多半島や渥美半島では，野菜・花を栽培する(❿　　　　　)農業が盛ん。電照菊の栽培も。

3 特色ある中央高地の産業　教 p.226〜p.227

▶ 中央高地の農業…甲府盆地や長野盆地に(⑪　　　　　　)が広がる。→水を得にくいため水田に不向きであり，現在はりんご・ぶどう・ももなどを作る(⑫　　　　　　)栽培が盛ん。山梨県ではワインの生産が行われている。

● かつては養蚕のために，くわを栽培。

● 八ヶ岳や浅間山のふもとの高原では，レタスやキャベツなど(⑬　　　　　　)野菜の栽培。

▶ 中央高地の工業…長野県の諏訪湖周辺では，生糸を作る製糸業が発達。→第二次世界大戦後には，時計・カメラなどを製造する(⑭　　　　　　)工業が発達。

● 1980年代以降は，(⑮　　　　　　)機器の製造も。

▶ 世界遺産に登録された岐阜県の白川郷と富山県の五箇山の(⑯　　　　　　)集落には，多くの観光客が訪れる。

4 特色ある北陸の産業　教 p.228〜p.229

▶ 北陸の農業…冬の降雪量が多く，春から夏にかけて雪解け水が豊富。早い時期に出荷する(⑰　　　　　　)の産地。

▼日本の最深積雪量

年最深積雪量 cm 200 100 50 10 0　[1981年〜2010年]　稚内 旭川 青森 釧路 札幌 上越(高田) 福井 山形 鳥取　0 400km　(気象庁資料)

● 有名なコシヒカリなど(⑱　　　　　　)の生産。

● 新潟県は米菓・切餅の出荷額が日本で最も多い。

● ほかに，富山県・新潟県ではチューリップの球根栽培，石川県では砂丘での野菜栽培。

▶ 豊富な雪解け水を利用し，黒部川流域で水力発電→産業に利用。

● 富山県でファスナーなどを造るアルミニウム工業が発達。

▶ 北陸の伝統産業…冬に雪が多く，農業ができないことから発達。

● 江戸時代から織物業が盛ん。明治時代に絹織物の生産が増え，第二次世界大戦後に合成せんいの産地。

● (⑲　　　　　　)産業…小千谷ちぢみ，輪島塗など。

● (⑳　　　　　　)産業…富山の製薬・売薬など。

◇ 福井県鯖江市では眼鏡フレームの製造。

◇ 新潟県燕市では金属製品の生産。福祉用品の開発も。

満点ミッション

⑪ 扇状地　川が山間部から平地に流れ出た所に形成される。

⑫ 果樹栽培　果樹は，りんご・みかんなど果実のなる木のこと。

⑬ 高原野菜　夏のすずしい気候を利用して栽培される野菜。

⑭ 精密機械工業　カメラなどの精密機械を造る工業。

⑮ 電子機器　携帯電話やテレビ，パソコンなどの機械。諏訪湖周辺には，コンピューター関連の電子機器を造る工場が進出している。

⑯ 合掌造り　雪が積もらないように，屋根の傾斜が急な伝統的な家。

⑰ 早場米　早い時期に収穫し，9月には市場に出回る米のこと。

⑱ 銘柄米　市場価値が高く，産地や品種を登録した米。コシヒカリなど。

⑲ 伝統産業　農家の副業から発達し，現代にも伝わる産業。

⑳ 地場産業　特定の地域に密接に結び付く産業。

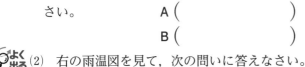

テストに出る！
予想問題 第３章 日本の諸地域 ４節 中部地方

30分 /100点

1 右の地図を見て，次の問いに答えなさい。 5点×5〔25点〕

気温 ℃
降水量 mm
年平均気温 13.6℃
年降水量 2755mm
1月
7
12
（「理科年表」より）

ア
A
イ
B
C
ウ

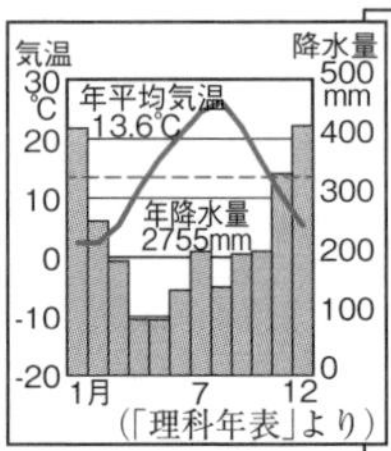

(1) Aの山脈，Bの山の名前をそれぞれ書きなさい。 A（ ） B（ ）

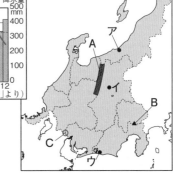

よく出る (2) 右の雨温図を見て，次の問いに答えなさい。

① 雨温図は，地図中のア～ウのどの都市のものですか。（ ）

② ①の都市の冬の気候に影響（えいきょう）をあたえる風を何といいますか。

（ ）

(3) 右の写真は，Cの地域の風景です。ここで見られる，洪水（こうずい）を防ぐために築かれた堤防（ていぼう）に囲まれた地帯を何といいますか。

（ ）

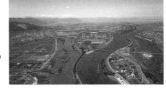

2 右の図を見て，次の問いに答えなさい。 5点×5〔25点〕

図１ 中京工業地帯の工業生産額の変化

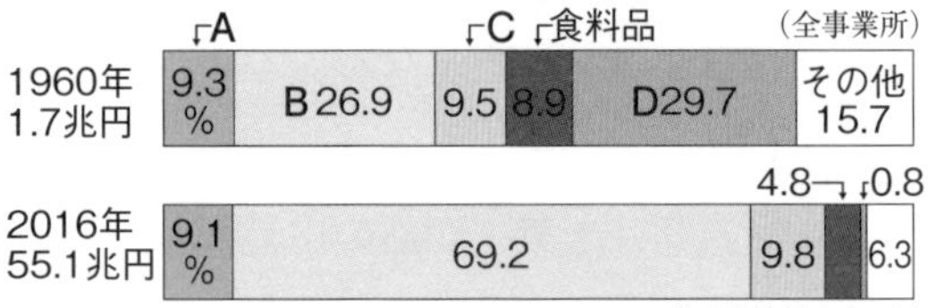

A
C
食料品
（全事業所）
1960年 1.7兆円
9.3%
B26.9
9.5
8.9
D29.7
その他 15.7
4.8
0.8
2016年 55.1兆円
9.1%
69.2
9.8
6.3

（「工業統計表」ほか）

(1) 図１中のB・Dにあてはまる工業を，次からそれぞれ選びなさい。

B（ ） D（ ）

ア 金属　イ 機械

ウ せんい　エ 化学

図２ 主な港と全国の輸出額の内訳

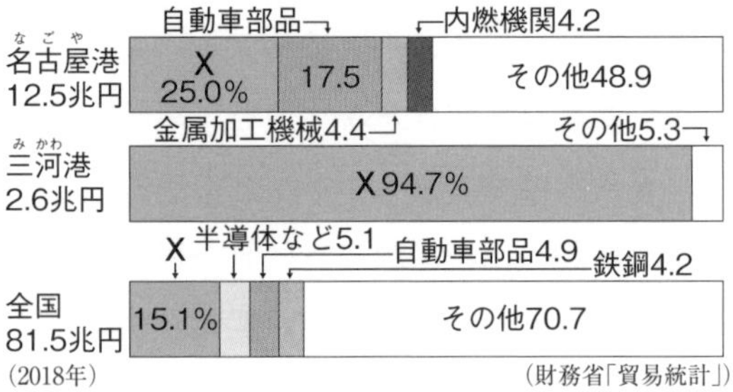

自動車部品
内燃機関4.2
名古屋港 12.5兆円
X 25.0%
17.5
その他48.9
金属加工機械4.4
その他5.3
三河港 2.6兆円
X94.7%
X
半導体など5.1
自動車部品4.9
鉄鋼4.2
全国 81.5兆円
15.1%
その他70.7
（2018年）

（財務省「貿易統計」）

(2) 図２中のXに共通してあてはまる工業製品を，次から選びなさい。（ ）

ア IC（集積回路）　イ 科学光学機器

ウ プラスチック　エ 自動車

(3) 東海（とうかい）工業地域にふくまれる都市の正しい組み合わせを，次から選びなさい。

（ ）

ア 豊田（とよた）市，東海市　イ 豊田市，富士（ふじ）市

ウ 浜松（はままつ）市，東海市　エ 浜松市，富士市

(4) 静岡県の牧ノ原（まきのはら）で盛んに栽培されている作物を，次から選びなさい。（ ）

ア キャベツ　イ 菊（きく）　ウ 茶　エ みかん

ちょっとひといき 前日の夜は赤シートでくり返しチェックしよう！

3 次の問いに答えなさい。　　　　　　　　　　　　　　　　　5点×5〔25点〕

(1) 甲府盆地や長野盆地について，次の①・②にあてはまる作物を，あとからそれぞれ選び

なさい。　　　　　　　　　　　　　　　　　　　　① (　　) ② (　　)

① かつて，養蚕のために栽培されていた作物　② 現在，栽培が盛んな作物

ア もも　イ ピーマン　ウ くわ　エ さとうきび

(2) 右のグラフ中のＸにあてはまる県を，次

から選びなさい。　　　　　　　(　　)

ア 静岡県　イ 山梨県

ウ 福井県　エ 新潟県

グラフ　ぶどうの生産量の県別割合

		岡山 ┐	┌福岡4.5	
ぶどう 17.9万t	Ｘ23.7%	長野 16.1	山形 10.4 8.3	その他37.0

(2016年)　　　　　　　　　　　　　　　　　　（「果樹生産出荷統計」）

🖊記述 (3) 八ヶ岳や浅間山のふもとの高原で，レタスやキャベツなどの高原野菜の栽培が盛んに

なった理由を，これらの地域の気候の面から，簡単に書きなさい。

(　　　　　　　　　　　　　　　　　　　　　　　　　　　　　　)

(4) 長野県の諏訪湖周辺で精密機械工業が発展した背景として誤っているものを，次から選

びなさい。　　　　　　　　　　　　　　　　　　　　　　　　(　　)

ア 大戦中に京浜工業地帯から航空機部品などを造る工場が疎開してきたこと

イ 製糸機械を造る技術や製糸工場があったこと

ウ 製糸業で働く多くの人がいたこと

エ コンピューター関連の電子機器の製造が盛んになったこと

4 次の問いに答えなさい。　　　　　　　　　　　　　　　　　5点×5〔25点〕

(1) 早場米の産地としてあてはまる地域を，次から選びなさい。　　　(　　)

ア 北陸　イ 中央高地　ウ 東海

(2) チューリップの球根栽培が盛んな県を，次から選びなさい。　　　(　　)

ア 愛知県　イ 山梨県　ウ 富山県　エ 長野県

(3) 右の写真で示した施設を利用して行われる発電を，

次から選びなさい。　　　　　　　　(　　)

ア 火力発電　イ 原子力発電

ウ 地熱発電　エ 水力発電

(4) 北陸で発達した，小千谷ちぢみや輪島塗，越前和紙

などを生産する産業を何といいますか。

(　　　　　　　　　　)

(5) 福井県鯖江市の地場産業としてあてはまるものを，次から選びなさい。

(　　)

ア 製薬・売薬　イ 眼鏡フレーム　ウ 金属洋食器　エ パルプ・紙製品

第3章 日本の諸地域　5節 関東地方

解答 p.14

テストに出る！ **ココが要点**

1 関東地方をながめて　教 p.234〜p.235

▷　地形…関東地方の面積の約半分を**関東平野**がしめる。利根川・荒川・多摩川の通る低地は水田地帯。

● 台地の部分は，火山灰が堆積した**赤土**（（ **❶** 　　　　　 ））におおわれる**畑作**地帯。

▷　気候…内陸部の冬は乾燥し，（ **❷** 　　　　　 ）とよばれる冷たい北西の季節風がふく。夏は蒸し暑く，雷雨が発生する。南部は黒潮の影響で冬でも温暖。

● 東京都やその周辺部では，（ **❸** 　　　　　 ）現象が見られる。

▷　関東地方には，日本の人口の約3分の1が集中。

● 東京都，神奈川県，埼玉県，千葉県は（ **❹** 　　　　 ）圏を形成。サービス業などの**第三次産業**が盛ん。

▷　臨海部に（ **❺** 　　　　 ）地帯・**京葉工業地域**が広がる。台地では，都市部に野菜を出荷する（ **❻** 　　　　 ）農業が行われている。

▷　東京を中心として，高速道路や新幹線が放射状に走る。東京国際空港（羽田空港）・成田国際空港は，日本や世界の各地とつながる。

2 世界と結び付く東京　教 p.236〜p.237

▷　（ **❼** 　　　　　 ）・東京…国会・中央省庁・最高裁判所など，中枢機能が集中。多くの情報が集まるため，金融機関・報道機関など（ **❽** 　　　　 ）**産業**の企業の本社・本店が集中。

● 商業施設のほか，博物館・劇場などの文化・教育関連施設も集まる。

▷　東京は，世界の国々と結び付く**世界都市**である。

● 臨海部では（ **❾** 　　　　 ）が進められている。

▷　（ **❿** 　　　　 ）・東京港・横浜港は日本有数の貿易港。

● 成田空港・東京国際空港（羽田空港）に多くの外国人が来日。

▷　東京には外国の企業や大使館が集まる。

● 都道府県別の在留外国人数は，東京都が第1位。

▼関東地方の自然環境

霞ヶ浦
関東平野
関東山地
利根川
多摩川
東京湾
房総半島

③ 東京を生活圏とする人々の暮らしと交通 教 p.238〜p.239

▷ 東京大都市圏の拡大…第二次世界大戦後，東京に人口が集中。

- 都心部は地価(土地の価格)が上がり，住宅地が不足。→都心部と郊外を結ぶ交通網の発達。

▷ 通勤・通学圏の拡大…企業・学校が集中する東京へ通勤・通学する人が多い。郊外の多くの都市では，(⑪　　　　　　　)人口が(⑫　　　　　　　)人口よりも少なくなっている。

- (⑬　　　　　)駅の新宿・渋谷などでは，朝夕の通勤・通学ラッシュで混雑している。

- 都市の課題を解決するため，神奈川県に「(⑭　　　　　　　)」，千葉県に「幕張新都心」，埼玉県に「さいたま新都心」を開発。茨城県の(⑮　　　　　　　)都市には大学・研究機関が移転。
◇ 東京外環自動車道など，高速道路の整備も進む。

▷ 都心部の再開発が進み，大型商業施設・高層ビルが建設される。

▷ お台場，浅草，横浜中華街など，多くの観光地がある。

④ 関東地方の多様な産業 教 p.240〜p.241

▷ 東京湾の臨海部…横浜港・川崎港・千葉港などの貿易港では，石油や石炭，鉄鉱石，小麦，とうもろこしなどの輸入が多い。

- 石油化学コンビナート・製鉄所・火力発電所などが立ち並び，京浜工業地帯・(⑯　　　　　　　)地域を形成している。

▷ 内陸部には(⑰　　　　　　　)工業地域が形成されている。

- 北関東自動車道が全線開通して以降，北関東から常陸那珂港への輸送が便利になった。

▷ 農業地域…関東平野の畑作地域では，近郊農業が盛ん。

- 千葉県・茨城県・群馬県では，牛乳・鶏卵を生産する(⑱　　　　　　　)が盛ん。

- 栃木県ではかんぴょう・群馬県ではこんにゃくなどの(⑲　　　　　　　)作物が作られている。

- 群馬県嬬恋村では，(⑳　　　　　　　)野菜を栽培。

- 房総半島(千葉県)・三浦半島(神奈川県)では，冬でも温暖な気候を利用して，都市部に野菜や生花を出荷。

▼主な農産物の生産量の県別割合

キャベツ 128.0万t	群馬 18.5%	愛知 18.1	その他 27.1

千葉8.0 茨城8.1 長野5.0 神奈川5.7 鹿児島5.0 北海道4.5

白菜 72.7万t	茨城 31.6%	長野 28.8	その他 33.0

北海道3.6 群馬4.1

ねぎ 37.4万t	千葉 14.5%	埼玉 12.5	茨城 12.0	その他 47.5

北海道5.7 大分3.7

(2017年)　(「野菜生産出荷統計」)

満点★ミッション

⑪昼間人口
通勤や通学で通う人を足したり引いたりした人口。

⑫夜間人口
その土地に住んでいる人口。

⑬ターミナル駅
都心と郊外を結ぶ複数のバスや鉄道が乗り入れ，起点となる駅。

⑭横浜みなとみらい21
横浜市が行っている都心再開発事業の中心地域。

⑮筑波研究学園都市
茨城県つくば市につくられた。国の研究機関が集中。

⑯京葉工業地域
千葉県の臨海部に広がる工業地域。化学工業が盛ん。

⑰北関東工業地域
関東地方の内陸部に広がる工業地域。

⑱畜産
牛・豚・鶏などの家畜を飼育し，肉・卵などを生産すること。

⑲工芸作物
工業原料に利用される作物。こんにゃくはこんにゃくいも，かんぴょうはユウガオから作られる。

⑳高原野菜
高原地帯で冷涼な気候を生かして作られる野菜。レタス・キャベツなど。

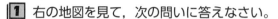

テストに出る！
予想問題

第3章 日本の諸地域
5節 関東地方

⏱ 30分

/100点

1 右の地図を見て，次の問いに答えなさい。　　　5点×6〔30点〕

(1) Aの山地，Bの河川をそれぞれ何といいますか。

A（　　　　　　）

B（　　　　　　）

(2) 右の雨温図が示す都市を，地図中の**ア〜ウ**から選びなさい。　　　（　　　）

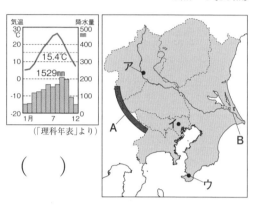

(3) 関東地方の内陸部に見られる冬の様子としてあてはまるものを，次から選びなさい。　　　（　　　）

ア 黒潮の影響で，比較的温暖な気候である。

イ 山沿いを中心に雷雨がしばしば発生する。

ウ からっ風とよばれる冷たい北西の季節風がふく。

(4) 関東地方の大部分をおおう，富士山などの火山灰が堆積した赤土を何といいますか。

（　　　　　　　　　　）

(5) 関東地方は，日本の総人口の約何分の1が生活していますか。次から選びなさい。

ア 約2分の1　　　**イ** 約3分の1　　　**ウ** 約5分の1　　　（　　　）

2 次の問いに答えなさい。　　　5点×4〔20点〕

(1) 首都・東京に置かれているものとしてあてはまらないものを，次から選びなさい。

ア 報道機関の本社　　　**イ** 最高裁判所　　　（　　　）

ウ 国会や中央省庁　　　**エ** 筑波研究学園都市

図1

(2) 右の**図1**が示すことを，次から選びなさい。　　　（　　　）

ア 日本の総面積にしめる東京都の割合

イ 日本の大学生の数にしめる東京都の割合

ウ 日本の総人口にしめる東京都の割合

エ 日本の出版業にしめる東京都の割合

その他
44.0

東京都

56.0
%

（2012年）

(3) 右の**図2**中の**ア〜エ**は関東地方の都県を示しています。東京都にあてはまるものを，**ア〜エ**から選びなさい。

（　　　　）

(4) 関東地方にある貿易港として誤っているものを，次から選びなさい。　　　（　　　）

ア 成田国際空港　　　**イ** 三河港　　　**ウ** 川崎港　　　**エ** 横浜港

図2　在留外国人数の割合

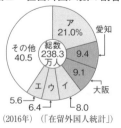

ア
21.0%

愛知

総数
238.3
万人

9.4

9.1

大阪

その他
40.5

エ　ウ　イ

5.6
6.4　8.0

（2016年）（「在留外国人統計」）

ちょっとひといき　消しゴムやシャーペンの予備は持ったかな？　前日までに準備しておこう！

3 次の問いに答えなさい。　　　　　　　　　　　　　　　　　5点×5〔25点〕

(1) 第二次世界大戦後の東京で見られた現象としてあてはまるものを，次から選びなさい。

　ア　地価が値上がりし，住宅地が不足してきた。　　　　　　　（　　　）

　イ　病院の閉鎖（へいさ）や鉄道・バス路線の廃止（はいし）など社会生活の維持（いじ）が難しくなってきた。

　ウ　人口の高齢化（こうれい）が進み，労働力が減少してきた。

　エ　学校の統廃合（とうはいごう）が進み，若い世代が地方へ流出してきた。

(2) 資料を参考にして，次の①，②では，昼間人
口と夜間人口のどちらの人口が多いですか。

　①　東京都(23区)　　（　　　　　　　　）

　②　千葉県　　　　　（　　　　　　　　）

(3) 横浜市に建設された，都市再開発事業の中心
地域を何といいますか。

　　　　　　　　（　　　　　　　　　）

資料　東京23区への通勤・通学者

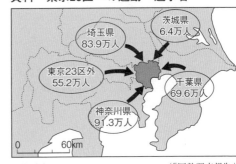

埼玉県
83.9万人

茨城県
6.4万人

東京23区外
55.2万人

千葉県
69.6万人

神奈川県
91.3万人

0　　60km

(2015年)　　　　　　　　　　　　（「国勢調査報告」）

記述 (4) (3)や幕張新都心（まくはり）などは，どのような目的のた
めに建設されましたか。「集中」「機能」の語句を用いて，簡単に書きなさい。

（　　　　　　　　　　　　　　　　　　　　　　　　　　）

4 次の問いに答えなさい。　　　　　　　　　　　　　　　　　5点×5〔25点〕

(1) 右の地図中のX，Yの工業地帯・地域の名前を，次
の説明文を参考にしてそれぞれ書きなさい。

　　　　　　　X（　　　　　　　　）

　　　　　　　Y（　　　　　　　　）

　X　東京都，神奈川県の臨海部と埼玉県の一部に広が
　る工業地帯。

　Y　東京湾（わん）の東側に広がる，石油化学コンビナートや
　製鉄所が立ち並ぶ工業地域。

0　　　　60km

大泉町（おおいずみまち）

鹿島臨海（かしま）
工業地域

神ヶ浦（かみがうら）

Y

X

主な高速道路
工業地域の広がり
1950年
1965年
1990年

(2) 大消費地に近い条件を生かして，都市向けに野菜を生産して出荷する農業を何といいま
すか。　　　　　　　　　　　　　　　　　　　　　　　　（　　　　　　　　　）

(3) 次の①，②の地域で行われている農業を，あとからそれぞれ選びなさい。

　①　群馬県嬬恋村（つまごいむら）　　②　房総半島（ぼうそう）　　　　　①（　　　）②（　　　）

　ア　キャベツやレタスなどの高原野菜を作る農業が盛（さか）ん。

　イ　扇状地（せんじょうち）で，ぶどう・ももなどの果樹栽培（さいばい）が盛ん。

　ウ　かんぴょうやこんにゃくなどの工芸作物の栽培が盛ん。

　エ　冬でも暖かい気候を利用して，野菜や花の生産が盛ん。

第3章 日本の諸地域　6節 東北地方

満点★ミッション

テストに出る！ **ココが要点** 解答 p.15

1 東北地方をながめて　教 p.246〜p.247

▶ 東北地方は本州の最北に位置。

▶ 地形…東北地方の三陸海岸には
（❷　　　　　　）海岸が形成。
こんぶ・わかめ・かきの養殖。

● 三陸海岸の沖には，寒流の親潮と暖流の黒潮とがぶつかる
（❸　　　　　　）があり，よい漁場となっている。

◇ 東北地方には，八戸港や気仙沼港などの**漁港**が集まる。

▼東北地方の自然環境

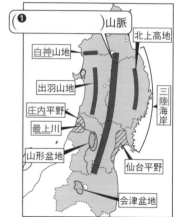

❶（　　）山脈　北上高地　白神山地　出羽山地　庄内平野　最上川　山形盆地　三陸海岸　仙台平野　会津盆地

▶ 気候…奥羽山脈を境として，東と西で異なる。

● 日本海側…夏は晴天が多く，冬に雨や雪が多い。

● 太平洋側…冷たい北東の風である（❹　　　　　　）が夏にふくと，霧による日照不足で，気温が上がらないことがある。

2 祭りや年中行事の伝統とその変化　教 p.248〜p.249

▶ 秋田県の「なまはげ」は（❺　　　　　　）**文化財**に指定。

▶ **伝統行事**…豊作を願う春祭り，収穫に感謝する秋祭りなど。

▶ 夏祭り…秋田市の竿燈まつり，青森ねぶた祭など。

▶ 食文化…東北地方では保存食として，漬け物が作られてきた。

3 伝統工芸品の生産・販売とその変化　教 p.250〜p.251

▶ （❻　　　　　　）**産業**…青森県の津軽塗，福島県の会津塗，山形県の天童将棋駒は，国の（❼　　　　　　）に指定。

● 岩手県の南部鉄器は，海外への出荷が増加している。

▶ （❽　　　　　　）**産業**…地元で発展した産業。漆器・酒。

▶ 現在は，高速道路沿いに，（❾　　　　　　）**団地**が進出。

4 過去の継承と未来に向けた社会づくり　教 p.252〜p.253

▶ 2011年3月11日に東北地方太平洋沖地震が発生。

▶ 東北地方の各地には，津波の被害を伝える碑が残されている。

▶ （❿　　　　　　）**大震災**の被災地では，災害に強いまちづくりが進められている。→防災意識を高める取り組み。

左段の語句

❶ 奥羽山脈
東北地方の中央部に連なる険しい山脈。

❷ リアス海岸
複雑に入り組んだ海岸線。湾内は波がおだやか。

❸ 潮境
魚のえさとなるプランクトンが多く集まるため，よい漁場となる。潮目ともいう。

❹ やませ
この風が長くふくと，稲が不作となる冷害が起こることがある。

❺ 重要無形民俗文化財
習慣，芸能，技術などの無形の民俗文化財のうち，特に重要であると国が指定したもの。

❻ 伝統産業
昔からその地域の産物と結び付いて発達してきた産業。

❼ 伝統的工芸品
伝統産業で作られた製品。

❽ 地場産業
地域独自の製品を生産する産業。

❾ 工業団地
国や県などが工場を計画的に集めた地域。

❿ 東日本大震災
東北地方太平洋沖地震により発生した災害。

テストに出る！

予想問題

第3章 日本の諸地域
6節 東北地方

⏰30分

/100点

1 右の地図を見て，次の問いに答えなさい。　　　　　　　　　　　10点×6〔60点〕

(1) Aの山脈，Bの平野をそれぞれ何といいますか。

A（　　　　　　　）

B（　　　　　　　）

よく出る(2) 宮古市の雨温図を表しているのは，右のグラフの

X，Yのどちらですか。

（　　　）

よく出る(3) 次の県が生産量第1位である果実を，あとからそ

れぞれ選びなさい。

①（　　　）②（　　　）

① 青森県　　② 山形県

ア　もも　　イ　りんご　　ウ　みかん　　エ　さくらんぼ

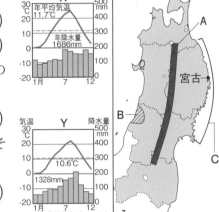

(4) Cの海岸の沖で，寒流の親潮（千島海流）と暖流の黒潮（日本海流）がぶつかり，好漁場と

なっている場所を何といいますか。

（　　　　　　　　　）

2 次の問いに答えなさい。　　　　　　　　　　　　　　　　　8点×5〔40点〕

(1) 右の①，②の伝統行事や祭り

を，次からそれぞれ選びなさい。

①（　　　）②（　　　）

ア　なまはげ

イ　七夕まつり

ウ　竿燈まつり

エ　ねぶた祭

①

②

(2) 次の①，②の県の伝統的工芸品としてあてはまるものを，あとからそれぞれ選びなさい。

①（　　　）②（　　　）

① 福島県　　② 山形県

ア　津軽塗　　イ　南部鉄器　　ウ　会津塗　　エ　天童将棋駒

(3) 東北地方では，災害からの教訓を受けつぐために，どのようなことを行っていますか。

その例を1つあげて，簡単に書きなさい。

（　　　　　　　　　　　　　　　　　　　　　　　　　　　　　　　）

第3章 日本の諸地域　7節 北海道地方

満点★ミッション

テストに出る！ **ココが要点**　解答 p.15

1 北海道地方をながめて　教 p.258〜p.259

▷ 北海道は日本の最北に位置。

▷ （**❶**　　　　　　）公園
に指定された地域もある。

▷ 気候…北海道は，夏が短く，
冬が長い冷帯に属している。

●夏に（**❷**　　　　　　）
が太平洋側で発生。

●オホーツク海沿岸には流氷が流れ着く。

▷ 先住民族の（**❸**　　　　　　）の人々が住んでいたが，明治
時代に開拓(かいたく)が進み，居住の場をうばわれていった。

▼北海道地方の自然環境

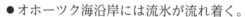

石狩川／オホーツク海／知床半島／**石狩平野**／洞爺湖／根釧台地／有珠山／**十勝平野**

2 自然の制約に適応する人々の工夫　教 p.260〜p.261

▷ 寒さに対応した工夫…道路の雪を解かす（**❹**　　　　　　）。

▷ 活火山が多い…（**❺**　　　　　　）（ハザードマップ）を活用
した避難(ひなん)訓練(じっし)の実施。

▷ 都道府県別漁獲(ぎょかく)量は全国1位。ほたて・うにの養殖(ようしょく)が盛(さか)ん。
●根室(ねむろ)・釧路(くしろ)はベーリング海・オホーツク海での北洋漁業の拠点(きょてん)。

3 自然の制約や社会の変化を乗りこえる　教 p.262〜p.263

▷ 稲作…石狩平野(いしかり)は，品種改良や客土(きゃくど)を行って米の産地に。

▷ 畑作…十勝平野(とかち)は，（**❻**　　　　　　）で土の養分のバラン
スを保ち，小麦・てんさい・じゃがいも・小豆(あずき)などを生産。
●根釧台地(こんせん)では，乳牛を飼育する（**❼**　　　　　　）が盛ん。
◇これらの地域の農家は，広い土地で**大規模な生産**を行う。

▷ 輸入原料の利用と（**❽**　　　　　　）のバランスが課題。

4 自然の特色を生かした産業　教 p.264〜p.265

▷ 北海道では，地域の特色を生かした産業が発達している。
●帯広市(おびひろ)…食品工場。苫小牧市(とまこまい)…製紙業。

▷ 自然の観光資源…オホーツク海沿岸では流氷を見るための観光
船の運行。知床(しれとこ)は（**❾**　　　　　　）（自然遺産）に登録。

▷ 自然との関わり方を考える観光，（**❿**　　　　　　）の実施。
●観光業を通して，持続可能な社会を目指す。

---

❶国立公園
特色ある自然や景観
のある地域を国が指
定して，管理と保護
を行う。

❷濃霧(のうむ)
北海道の太平洋岸で
夏に起こる自然現象。

❸アイヌの人々
北海道・樺太(からふと)などで
暮らしてきた先住民
族。

❹ロードヒーティング
道路の中に電熱線や
温水パイプを入れて，
熱で雪を解かす。

❺防災マップ(ハザードマップ)
被害の予測範囲，避(ばんい)
難場所，避難経路な
どを示す地図。地方
公共団体などが作成。

❻輪作(りんさく)
1年ごとに植える作
物を変える農法。

❼酪農(らくのう)
乳牛を飼育して，
チーズやバターなど
を生産する農業。

❽地産地消
地元でとれた食材を
地元で消費すること。

❾世界遺産(自然遺産)
ユネスコによって登
録された貴重な自然。

❿エコツーリズム
自然環境・文化など(かんきょう)
の観光資源を守りな
がら，体験・学習す
る観光の在り方(あり)。

テストに出る！

予想問題

第3章 日本の諸地域
7節 北海道地方

⏱30分

/100点

1 右の地図を見て，次の問いに答えなさい。　　　　　　　10点×6〔60点〕

よく出る

(1) 地図中の暖流や寒流と夏の季節風の影響を受けて，Xの地域で発生する霧のことを何といいますか。　（　　　　　　　　）

(2) 北海道にもともと住んでいた先住民族を何といいますか。
　　　　　　　　　　　　　　　　（　　　　　　　　）

(3) 北海道で最も人口が多く，北海道の道庁所在地である都市を何といいますか。　　　　　　　　　　（　　　　　　　　）

(4) 北海道の家に取り入れられている工夫として正しいものを，右の図を見て，次から2つ選びなさい。　（　　　）（　　　）

ア　家の窓を二重にして寒さを防いでいる。

イ　家の周囲に木を植えて強い風を防いでいる。

ウ　屋根に雨をためるタンクを置いて，水不足に備えている。

エ　屋根の中央部を低くし，積もった雪を解かして排出している。

(5) 北海道の「うに」や「ほたて」は近年どのような漁業によって生産量が増えていますか。
　　　　　　　　　　　　　　　　　（　　　　　　　　　　　）

2 右の地図やグラフを見て，次の問いに答えなさい。　　　　8点×5〔40点〕

(1) 地図中のA～Cの平野や台地で盛んな農業を，次からそれぞれ選びなさい。

　　　　A（　　　）　B（　　　）　C（　　　）

ア　暖かい山の斜面で果樹栽培が盛ん。

イ　日本最大の畑作地域で，輪作を取り入れている。

ウ　客土による土地改良で，稲作地域になった。

エ　稲作には不向きな土地で，酪農が盛んである。

(2) グラフ中のXにあてはまる農産物を，次から選びなさい。
　　　　　　　　　　　　　　　　　（　　　　　　）

ア　さとうきび　イ　てんさい　ウ　りんご

(3) 地図中の▨の地域で観光資源になっているものを，次から選びなさい。　　　　　　　　　　　　　　（　　　　　　）

ア　温泉　イ　火山　ウ　流氷

グラフ　**主な農産物の生産量に占める北海道の割合**

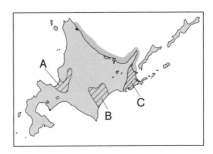

X 393万t	北海道100.0%
小豆6万t	北海道93.4%　その他6.6
じゃがいも 241万t	北海道79.3%　長崎3.9 鹿児島3.2 その他13.6
小麦 100万t	北海道72.8%　福岡4.7 佐賀3.0 その他19.5

(2015年)　　　　　　　（「作物統計」）

第4章 地域の在り方

満点★ミッション

❶**持続可能な開発目標**
すべての国が行動し,「誰一人取り残さない」ことを目標とする。

❷**高齢化**
総人口にしめる65歳以上の割合が高くなること。

❸**地形図**
国土地理院が発行している。土地利用,建物・施設,道路などが示される。

❹**考察**
調べたことをもとに,考えること。

❺**インターネット**
世界中とコンピューターを通してつながっている通信網。

❻**影響**
ある働きが,ほかのものにも及ぶこと。

❼**経済**
人々の生活に必要なものを生産・消費する活動。

❽**提案**
意見を示すこと。

❾**根拠**
主張の理由。

❿**立場**
ある人が置かれている状況から生じる考え方。

テストに出る! **ココが要点** 解答 p.16

1 身近な地域の課題を見つける 教 p.270〜p.271

▶ 国際連合(国連)の(❶　　　　　　)な開発目標(SDGs)…2030年までに世界各国が取り組むべき目標。

▶ 「11 住み続けられるまちづくりを」の視点で,日本各地を見る。
● 人口が変わらずに(❷　　　　　　)化が進む地域は,山間部や都市と課題やその背景が異なる。

▼持続可能な開発目標(SDGs)

1	貧困をなくそう	2	飢餓をゼロに
3	すべての人に健康と福祉を	4	質の高い教育をみんなに
5	ジェンダー平等を実現しよう	6	安全な水とトイレを世界中に
7	エネルギーをみんなに そしてクリーンに	8	働きがいも経済成長も
9	産業と技術革新の基盤をつくろう	10	人や国の不平等をなくそう
11	住み続けられるまちづくりを	12	つくる責任 つかう責任
13	気候変動に具体的な対策を	14	海の豊かさを守ろう
15	陸の豊かさも守ろう	16	平和と公正をすべての人に
17	パートナーシップで目標を達成しよう		

2 課題を調査する 教 p.272〜p.273

▶ どこでどのような課題が起こっているかを理解する必要がある。
● 地域の移り変わりは,昔の写真と現在の写真の比較や,(❸　　　　　　)から土地利用の様子を見る方法がある。

3 要因を考察する 教 p.274〜p.275

▶ 地域の課題を把握したら,原因や要因を(❹　　　　　　)し,影響を推測する。→交通網や(❺　　　　　　)が整備されたことで,人・もの・情報の結び付きが変わり,新たな課題も発生。

▶ ある課題は,別の所にも(❻　　　　　　)することがある。
● 一つの工場の撤退→地域全体の(❼　　　　　　)が衰退。

4 解決策を構想する/地域の将来像を提案する 教 p.276〜p.281

▶ 他地域の解決方法も参考にする。地域の実情に合わないことも。

▶ 解決策の(❽　　　　　　)をする場合,複数の案を提案することや一つの案にしぼって提案することが考えられる。
● 提案の(❾　　　　　　)を明確にすると説得力が高まる。

▶ どのような(❿　　　　　　)での主張かを明確にする。

テストに出る！

予想問題 第4章 地域の在り方

⏱30分

/100点

1 次の問いに答えなさい。　　　　　　　　　　　　　　　　　　　10点×5〔50点〕

(1) 右は，持続可能な開発目標の一部です。持続可能な開発目標の略称を，
次から選びなさい。　　　　　　　　　　　　　　　　　　　（　　　）

　ア　ICT　　イ　NGO　　ウ　NIES　　エ　SDGs

(2) 持続可能な開発目標を定めた国際機関を何といいますか。

　　　　　　　　　　　　　　　　　　　　　　（　　　　　　　　　）

(3) 次の①〜③のグラフからわかることを，あとのア・イからそれぞれ選びなさい。

　　　　　　　　　　　　　　①（　　　）②（　　　）③（　　　）

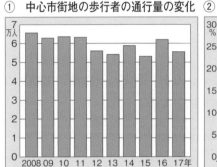

① 中心市街地の歩行者の通行量の変化
（宮崎市資料）

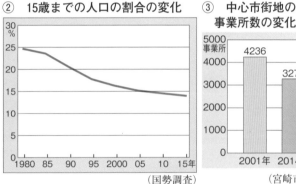

② 15歳までの人口の割合の変化
（国勢調査）

③ 中心市街地の
事業所数の変化

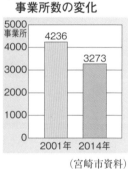

（宮崎市資料）

　ア　中心市街地に人が集まらなくなっている　　イ　少子化が進んでいる

2 次の問いに答えなさい。　　　　　　　　　　　　　　　　　　　10点×5〔50点〕

(1) 次の①，②の要因の考察として正しいものを，あとからそれぞれ選びなさい。

　　　　　　　　　　　　　　　　　　　①（　　　）②（　　　）

　① 中心市街地に人が集まらない。　　② 郊外で高齢化が進んでいる。

　　ア　郊外の住宅団地から，若い世代が流出している。

　　イ　郊外に，大規模なショッピングセンターが造られた。

(2) 右の図中のX〜Zにあてはまる内容を，
次からそれぞれ選びなさい。

　　　X（　　　）Y（　　　）Z（　　　）

　ア　コミュニティバスを運行する。

　イ　郊外で高齢化が進んでいる。

　ウ　郊外で暮らす人たちが中心市街地に出
　　かけやすくするため。

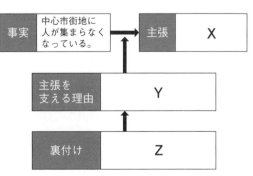

テストに出る！

予想問題　特集 時差

🕐 30分

/100点

1 右の地図を見て，次の問いに答えなさい。　　　　　　　　　　10点×8〔80点〕

(1) 地図中のロンドンを通る経度0度の経線を何といいますか。

（　　　　　　　　　）

(2) 地図中の東京は，地図中の**X**の経線を標準時子午線としています。この経線が通る兵庫県の都市はどこですか。

（　　　　　　　　　）

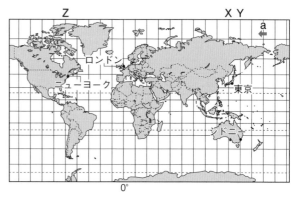

(3) 日付変更線を**a**の方向に向かって進むとき，日付は1日進めますか，おくらせますか。

（　　　　　　　　　）

(4) 次の①，②の都市間の時差を，計算して書きなさい。なお，シドニーは地図中の**Y**の経線，ニューヨークは地図中の**Z**の経線をそれぞれ標準時子午線としており，サマータイムは考えないものとします。

①　東京とニューヨーク　　②　シドニーとロンドン

①（　　　　　　　　）　②（　　　　　　　　）

(5) 東京が1月1日午前6時のとき，地図中のシドニー，ニューヨークは何月何日の何時か，午前・午後をふくめてそれぞれ書きなさい。

シドニー（　　　　　月　　　　　日　　　　　　　　時）

ニューヨーク（　　　　　月　　　　　日　　　　　　　　時）

📝記述 (6) 複数の標準時がある，アメリカやロシアに共通する特徴を簡単に書きなさい。

（　　　　　　　　　　　　　　　　　　　　　　　　　　　　　　）

2 次の問いに答えなさい。　　　　　　　　　　10点×2〔20点〕

(1) 成田国際空港を1月4日午前11時30分に出発した航空機が，ロンドンに1月4日午後3時30分に到着しました（時刻はいずれも現地時間）。飛行時間は何時間か，次から選びなさい。

ア　9時間　　イ　11時間　　ウ　13時間　　エ　15時間　　（　　　）

(2) サンフランシスコを1月7日午前11時に出発した航空機が，11時間30分かけて成田国際空港に到着しました。成田国際空港に到着したときの現地時間は何月何日の何時何分か，午前・午後をふくめて書きなさい。なお，サンフランシスコは西経120度の経線を標準時子午線としています。　　（　　　月　　　日　　　時　　　分）

中間・期末の攻略本

取りはずして
使えます！

解答と解説

東京書籍版　社会地理

第1章　世界の姿

p.2～p.3　ココが要点

❶三　　　　　　　❷六
❸太平洋　　　　　❹ユーラシア
❺ヨーロッパ　　　❻アジア
❼オセアニア　　　❽東アジア
❾国境　　　　　　❿人口密度
⓫経度　　　　　　⓬赤道
⓭本初子午線　　　⓮緯度
⓯緯線　　　　　　⓰経線
⓱南半球　　　　　⓲地球儀
⓳世界地図　　　　⓴距離

p.4～p.5　予想問題

① (1)ユーラシア大陸
　(2)太平洋
　(3)(例)地球の総面積のうち約7割が海洋で，
　　　陸地は約3割にすぎないから。
　(4)イ
② (1)Aロシア連邦〔ロシア〕
　　　B中華人民共和国〔中国〕
　　　Cニュージーランド
　　　Dブラジル
　(2)内陸国
　(3)ア
③ (1)本初子午線
　(2)イ
　(3)赤道　　(4)ウ
④ (1)北西
　(2)南アメリカ大陸
　(3)ブエノスアイレス

　(4)イ
　(5)地球儀　　(6)ア

解説

① (2)三大洋は，太平洋，大西洋，インド洋の順
に広い。

ミス注意！ 「太平洋」と「大西洋」の「太」と「大」
を間違えないようにしよう。

(3)グラフから，地球の陸地と海洋の割合が3：
7であることを読み取る。
(4)アはヨーロッパ州，ウはオセアニア州，エは
南アメリカ州に属している。

② (1)Aヨーロッパ州とアジア州にまたがってい
る。B人口が10億人をこえている国は，中国と
インドの2つ。C国旗には，南半球にある国で
あることを示す，南十字星が描かれている。D
明治時代以降，日本から多くの人がブラジルに
移住した。
(3)　ユニオンジャックはアのイギリスの国旗。
かつてイギリスの植民地となっていたウのオー
ストラリアやCのニュージーランドの国旗にも，
ユニオンジャックの図柄が用いられている。

③ (2)アはフランスの首都，ウはイタリアの首都，
エはドイツの首都。
(3)赤道は，アフリカ大陸のビクトリア湖，南ア
メリカ大陸のアマゾン川河口付近などを通る。
(4)対蹠点の緯度は南北をそのまま入れ替え，経
度は180度から元の経度を引くことで求められ
る。X地点は北緯40度，東経160度の地点である。

④ (1)(2)東京から見て，上が北，下が南，右が東，
左が西の方位を表す。
(4)図1のAの大陸と図2のイは南アメリカ大陸。
図2のアは北アメリカ大陸，ウはアフリカ大陸，
エはユーラシア大陸，オはオーストラリア大陸，
カは南極大陸。

第2章　日本の姿

❶日本　　　　　❷ヨーロッパ
❸ユーラシア　　❹海洋国
❺標準時子午線（ひょうじゅんじしごせん）　❻明石（あかし）
❼東経135　　　❽時差
❾15　　　　　❿日付変更線（ひづけへんこうせん）

p.7　予想問題

1 (1)A東経（ほうけい）　B北緯
　(2)①イタリア　②オーストラリア
　(3)海洋国〔島国〕
2 (1)本初子午線　　(2)イ
　(3)経度15度
　(4)①9時間　②ウ

解説

1 (1)Aイギリスのロンドン郊外を通る経度0度の経線である本初子午線よりも東にある地域を東経，西にある地域を西経で表す。B緯度0度の緯線である赤道よりも北を北緯，南を南緯で表す。
　(3)海洋国（島国）に対して，海に面している部分がない国を内陸国という。
2 (3)地球1周が360度。24時間で地球は1周するので，360(度)÷24(時間)＝15度。よって，経度15度につき，1時間の時差が生じる。
　(4)①イギリスの標準時子午線は経度0度。日本の標準時子午線は東経135度の経線なので，イギリスと日本の経度差は，135(度)－0(度)＝135度。時差は「経度差÷15度」で求められるので，135(度)÷15(度)＝9より，9時間の時差。

➕もひとつプラス　時差の計算

東経どうしの2地点間の時差を計算する
経度の大きい方から小さい方を引いたものが経度差となる
東経と西経の2地点間の時差を計算する
両方の経度を足したものが経度差となる

②イギリスのほうが日本よりも西にあり，時刻が遅い。①より，1月1日12時よりも9時間前の時刻となるので，1月1日3時となる。

❶日本　　　　　❷領域
❸12　　　　　　❹排他的経済水域（はいた）
❺200　　　　　❻北方領土（ほっぽうりょうど）
❼都道府県　　　❽近畿（きんき）
❾東北（とうほく）　　　❿県庁所在地

p.9　予想問題

1 (1)北方領土　　(2)沖ノ鳥島（おきのとりしま）
　(3)①排他的経済水域　②イ
　　③(例)日本は海に囲まれた海洋国〔島国〕で，離島が多いため。
2 (1)47
　(2)X関東地方（かんとう）　Y近畿地方
　(3)北陸
　(4)エ

解説

1 (1)日本の北端である択捉島をふくんだ地域。択捉島・国後島・色丹島・歯舞群島から成る。
　(2)沖ノ鳥島は東京都に属する。

ミス注意！ 日本の東端は「南鳥島」，日本の南端は「沖ノ鳥島」。端の方位と島名を間違えないようにしよう。

➕もひとつプラス　沖ノ鳥島の護岸工事

> 沖ノ鳥島は，満潮のときには小さな陸が2つ海面から出るだけとなる。日本政府は排他的経済水域を守るために護岸工事を行った。

　(3)①領海の外側で沿岸から200海里(約370km)以内の水域。
　②アは領海，ウは公海についての説明。
　③排他的経済水域は，領海の周りを取り囲む水域。日本は南北に長い海洋国（島国）であり，多くの島々が点在しているので，国土面積の10倍以上の排他的経済水域を持っている。
2 (2)Xは日本の首都である東京都をふくむ地方。Yは大阪府や京都府をふくむ地方。

練習しよう 近畿地方の「畿」を攻略！

畿							

　(3)北陸・中央高地・東海に分けられる。
　(4)愛媛県の県庁所在地は松山市。松江市は，島根県の県庁所在地。

第2編　世界のさまざまな地域

第1章　世界各地の人々の生活と環境

p.10　ココが要点

❶寒帯　　　　　　❷白夜
❸イヌイット　　　❹冷〔亜寒〕帯
❺タイガ　　　　　❻永久凍土
❼ライ麦　　　　　❽温帯
❾地中海性　　　　❿オリーブ

p.11　予想問題

1 (1)イヌイット
　(2)A犬ぞり
　　Bスノーモービル
　(3)ウ
2 (1)①ウ　②イ　③ア
　(2)永久凍土
　(3)地中海性気候
　(4)(例)夏の強い日差しを家の中に入れない
　　ため。

解説

1 (1)あざらしなどの肉を主食とする。

＋もひとつプラス　イヌイットの伝統的な生活

夏	カリブーを追う
冬	あざらしを狩る

(3)カナダ政府がイヌイットの定住化を進めてお
り、資源開発や観光業などの仕事につく人も増
えている。

2 (1)アは夏と冬の寒暖差が大きく、冬の気温が
低いことから冷帯(亜寒帯)。イは気温が比較的
温暖であることから温帯。ウは毎月の気温が年
間を通して10度以下であることから寒帯。

(3)(4)地中海周辺は、冬が比較的温暖で夏に乾燥
する。伝統的な住居には、豊富な石を材料に夏
の高温と強い日差しを防ぐ工夫が見られる。

＋もひとつプラス　温帯の気候

温暖湿潤気候	日本の大部分が属する。四季があり、降水量が比較的多い
西岸海洋性気候	イギリスのロンドンなどが属する降水量にあまり変化がない

p.12　ココが要点

❶乾燥帯　　　　　❷オアシス
❸サヘル　　　　　❹焼畑
❺砂漠　　　　　　❻熱帯
❼マングローブ　　❽さんご
❾標高　　　　　　❿高山

p.13　予想問題

1 (1)①イ　②ア　③ウ
　(2)遊牧
　(3)エ
　(4)ウ
2 (1)ウ
　(2)イ
　(3)ア
　(4)(例)昼と夜の気温差が大きい気候。

解説

1 (1)アは気温が年間を通して高く、降水量が多
いことから熱帯の雨温図。イは気温が一定して
あまり高くないことから高山気候の雨温図。ウ
は降水量がほとんどないことから乾燥帯の雨温
図。

(3)サヘルは、アフリカ大陸のサハラ砂漠の南に
広がる地域。降水量が少ないため、乾燥に強い
ひえやもろこしなどが栽培されている。アのタ
ロいもはサモアなど南太平洋の島々で主食と
なっている。イは寒帯で暮らすイヌイット、ウ
は冷帯(亜寒帯)のシベリアなどの主食。

2 (1)寒冷な高地の気候に強い家畜。

(2)アのマンゴーは南太平洋の島々、ウのぶどう
は地中海周辺の国々、エの米はアジアの降水量
の多い国々を中心に生産されている。

(3)高地は木が少なく、雨も少ないため。

＋もひとつプラス　伝統的な住居の材料

寒帯	雪のイグルー	冷帯	木
乾燥帯	日干しれんが、動物の皮	熱帯	木、やしの葉

(4)赤道に近い緯度にあるが、標高が高いので低
地より気温が低い。そのため、アルパカの毛で
作ったポンチョというマントを着て、強い日差
しを防ぐためにつばの広い帽子をかぶっている。

❶ツンドラ
おんだんしつじゅん
❸温暖湿潤
❺西岸海洋性
❼ステップ
❾サバナ
⓫仏
⓭イスラム
⓯メッカ
⓱ハラル
じょうざぶ
⓳上座部

❷冷
❹地中海性
かんそう
❻乾燥
❽熱
❿高山
⓬キリスト
⓮ヒンドゥー
ぶたにく
⓰豚肉
だいじょう
⓲大乗
⓴ガンジス

① (1)Aイ　Bウ　Cア
　　(2)C　　(3)B
② (1)①地中海性気候
　　　②温暖湿潤気候
　　　③西岸海洋性気候
　　(2)ウ
　　(3)(例) 標高が高くなると，気温が下がるから。
③ (1)A仏教
　　　Bキリスト教
　　　Cイスラム教
　　(2)インド
　　(3)エ　　(4)「経」
きょう
　　(5)ア，エ
　　(6)ウ　　(7)ア

解説

① (1)Aは乾燥帯，Bは寒帯，Cは熱帯の写真。アは「一年中気温が高い」ことから熱帯，イは「1年を通して，雨が少ない」ことから乾燥帯，ウは「一年中，寒さが厳しい」ことから寒帯。
(2)赤道付近の低地に広がっている気候帯なので熱帯があてはまる。

もひとつプラス　世界の気候帯の分布

> ○ケッペンという学者が，生えている植物の分布によって気候を区分した。
> ○赤道から極方向に，対称的に広がる。
> 　熱帯→乾燥帯→温帯→
> 　冷帯(亜寒帯)→寒帯

② (1)②温暖湿潤気候は，日本など大陸東岸に見

られる気候。

練習しよう　温暖湿潤気候の「湿潤」を攻略！

湿潤 ｜ ｜ ｜ ｜ ｜

(2)アは年間を通して気温が高く，降水量も多いことから熱帯の雨温図。イは温帯の雨温図。ウは夏と冬の気温差が大きく，冬の寒さが厳しいことから冷帯(亜寒帯)の雨温図。
(3)標高が上がるごとに気温は下がっていく。そのため，赤道付近であっても，標高が高い地域は，同緯度帯の低地に比べて気温が低くなる。

③ (1)仏教は東南アジアや東アジアで，キリスト教はヨーロッパや南北アメリカ，オセアニアでイスラム教は西アジア・中央アジアやアフリカ大陸の北部で，主に信仰されている。また，インドネシア・マレーシアにもイスラム教の信者が多い。
(4)「コーラン」はイスラム教，「聖書」はキリスト教の教典。
(5)イはヒンドゥー教やユダヤ教，ウはキリスト教について述べた文。
(6)上座部仏教は，修行を積んだ僧侶のみが救われるという信仰に基づく。タイの仏教徒の男性は，一生に一度は出家するのがよいと考えられている。大乗仏教は，すべての人が救われるという信仰に基づく。チベットや日本で信仰されている。
(7)イスラム教において，豚は不浄な生き物とされているため，イスラム教徒は豚肉を使った料理を食べない。ハラルは，イスラム教の決まりを守って作られた料理であることを示す認証マークであり，豚肉など決まりに合わない食材を使っていないことがひと目でわかるため，イスラム教徒が安心して食べることができる。

もひとつプラス　世界の主な宗教

イスラム教	開祖…ムハンマド
	教典…「コーラン」
キリスト教	開祖…イエス
	教典…「聖書」
仏教	開祖…シャカ(釈迦)
	教典…「経」
ヒンドゥー教	牛を神の使いとする
ユダヤ教	ユダヤ人が信仰する

第2章　世界の諸地域

p.18 〜 p.19　ココが要点

❶ヒマラヤ　　　　❷モンスーン
❸乾季　　　　　　❹華人
❺ヒンドゥー　　　❻イスラム
❼キリスト　　　　❽アジアNIES
❾軽　　　　　　　❿ハイテク
⓫漢　　　　　　　⓬一人っ子
⓭稲作〔米〕　　　⓮経済特区
⓯西部　　　　　　⓰二期作
⓱プランテーション　⓲マングローブ
⓳東南アジア諸国連合　⓴スラム

p.20 〜 p.21　予想問題

1 (1)Aヒマラヤ山脈　B黄河〔ホワンホー〕
　(2)エ　(3)季節風〔モンスーン〕　(4)ウ
2 (1)NIES　(2)ウ　(3)イ，エ
3 (1)経済特区　(2)ペキン〔北京〕
　(3)沿岸部
　(4)①イ　②ウ　③ア
4 (1)プランテーション
　(2)(例)工業化が進み，機械類を多く輸出す
　　るようになった。
　(3)ASEAN　(4)イ　(5)ア

解説
1 (2)1年を通して高温である熱帯の雨温図。
　(3)冬は大陸から海洋に向かってふく。
2 (3)アの日本は，韓国・中国・イランよりも第
二次産業で働く人々の割合が低いので×。イ
は○。ウのイランの第三次産業で働く人々は，
2337.9（万人）×0.517＝1208.6…万人。韓国の第
三次産業で働く人々は2672.5（万人）×0.708＝
1892.1…万人。よって，韓国のほうが多いので×。
エの中国の第三次産業で働く人々は，7億7603
（万人）×0.435＝3億3757.3…万人となり，日本
の産業別人口の総数をこえているので○。
3 (3)地図から，地域別GDPが6万元以上の地
域は，どこに多いかを読み取る。
4 (2)かつては石油などの工業原料や天然ゴムな
どの一次産品が多かったが，近年は機械類など
の工業製品の輸出が増えている。
　(5)イ・ウ東南アジアの都市では人口が増加し，

交通渋滞が発生している。エ道路の整備は，都
市問題の解決のために行われている。

p.22　ココが要点

❶仏　　　　　　　❷ガンジス
❸再生可能　　　　❹ICT
❺西　　　　　　　❻イスラム
❼OPEC　　　　　❽乾燥
❾中央　　　　　　❿レアメタル

p.23　予想問題

1 (1)ガンジス川　(2)Aウ　Bア
　(3)C英語　D昼
2 (1)石油　(2)OPEC
　(3)レアメタル〔希少金属〕
　(4)イスラム教
　(5)(例)海水を淡水に変える工場を造った。

解説
1 (1)ヒンドゥー教徒にとって聖なる川。
　(2)降水量が多く，気温が高いガンジス川下流で
は米，降水量の少ない上流やインダス川流域で
は小麦が栽培されている。
　(3)インドはイギリスによる植民地支配を受けて
いたため，英語が共通言語として使われている。
2 (1)ペルシャ湾岸は，埋蔵量，産出量ともに世
界でも有数の石油の産地。
　(2)OPECは石油輸出国機構の略称。サウジアラ
ビアやアラブ首長国連邦など，西アジアの産油
国を中心に結成された。
　(3)レアは「まれな」，メタルは「金属」の意味。

もひとつプラス　希少金属（レアメタル）

○携帯電話・パソコンなどの部品に使われ
　ている。
○現代の情報通信技術産業に欠かせない。
○埋蔵量が少なく，純粋なものを取り出せ
　る量が少ない。
　…手に入れることが難しい金属。
○クロム，コバルトなど。

　(4)サウジアラビアに，イスラム教の聖地メッカ
がある。
　(5)西アジアの大部分は乾燥帯で，真水を得るこ
とが難しい。石油の輸出で得た資金で，国内の
開発を進めている。

❶北大西洋　❷偏西風
❸フィヨルド　❹ゲルマン
❺ラテン　❻キリスト
❼EU　❽ヨーロッパ共同体
❾ユーロ　❿ユーロスター
⓫酸性　⓬国際
⓭再生可能エネルギー　⓮持続可能
⓯エコツーリズム　⓰経済格差
⓱国民総所得　⓲ハイテク
⓳外国人　⓴植民地

p.26～p.27　予想問題

1 (1)暖流　北大西洋海流　　風　偏西風
　(2)ア
　(3)ウ
　(4)X スラブ　Y ゲルマン
　(5)イ
2 (1)ア　　(2)ウ　　(3)ユーロ
3 (1)再生可能エネルギー
　(2)イ
　(3)持続可能な社会
　(4)①ア
　　②ウ
4 (1)東ヨーロッパ
　(2)西ヨーロッパ
　(3)(例)西ヨーロッパと東ヨーロッパの加盟
　　　国間で，大きな経済格差があること。
　(4)ハイテク〔先端技術〕産業
　(5)植民地

解説

1 (1)ユーラシア大陸の西岸は，高緯度のわりに
　冬が温暖な気候。

練習しよう 偏西風の「偏」を攻略！

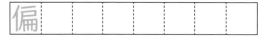

偏

ミス注意！「偏西風」を，アジア州などの気候に
影響をあたえる「季節風」と間違えないように
しよう。
　(2)イは温暖湿潤気候，ウは西岸海洋性気候。
　(3)乾燥する夏にはオリーブ・ぶどう・かんきつ
類，雨が降る冬には小麦が栽培されている。
　(5)アのロシア語はスラブ系言語，ウのドイツ語

はゲルマン系言語。エのギリシャ語は，スラブ
系言語・ゲルマン系言語・ラテン系言語のいず
れにもふくまれない。
2 (1)面積が約983万km²なのでイがアメリカ，
面積が約38万km²なのでウが日本。EUは，人
口約5億人の巨大な経済圏を形成している。
3 (2)再生可能エネルギーには，風力，地熱，太
陽光，バイオマスなどがふくまれる。
　(4)イは酸性雨，エは国際河川の説明。
4 (1)東ヨーロッパ諸国には，2000年代になって
から加盟した国も多い。
　(2)(3)東ヨーロッパは，国民総所得が2万ドル未
満の国がほとんどである。同じEU加盟国でも
経済格差が広がっていることで，共通政策を進
めることに問題が起こっている。

p.28	ココが**要点**

❶サハラ　❷ナイル
❸植民地　❹カカオ
❺遊牧　❻レアメタル
❼モノカルチャー　❽NGO
❾スラム　❿アフリカ連合

p.29　予想問題

1 (1)A ア　B イ
　(2)エ
　(3)植民地
　(4)スラム
　(5)アフリカ連合〔AU〕
2 (1)プランテーション
　(2)エ
　(3)レアメタル
　(4)(例)わずかな種類の農作物や鉱産資源の
　　　輸出にたよっている。

解説

1 (1)Aは，年間を通してほとんど雨が降らない
ことから乾燥帯。Bは，1年を通して高温なの
で熱帯。
　(2)アの砂漠，イのステップは乾燥帯で見られる。
ウのサバナは，熱帯のうち，雨季と乾季がある
地域で見られる，低木とたけの長い草の生えた
草原。
　(4)簡素な住宅が集まり，上下水道の設備がなく，

不衛生な生活環境。アフリカや東南アジアなど
の人口が急増している都市で見られる。

2 (1)ヨーロッパの植民地であったときに，ヨー
ロッパ人によって開かれた大農園。

✗ミス注意! 「プランテーション」を「モノカル
チャー」と間違えないようにしよう。

(2)ナイジェリアは，アフリカ西部のギニア湾に
面している国。北アフリカやギニア湾岸では石
油が多く産出している。

(4)アフリカの多くの国は，特定の品目にたよっ
たモノカルチャー経済となっている。

---

p.30 ～ p.31	ココが **要点**
❶ロッキー	❷ミシシッピ
❸ハリケーン	❹先住民
❺キリスト	❻NAFTA（ナフタ）
❼ヒスパニック	❽適地適作
❾企業的（きぎょう）	❿バイオテクノロジー
⓫五大湖（ごだいこ）	⓬鉱産
⓭鉄鋼	⓮自動車
⓯ICT	⓰サンベルト
⓱シリコンバレー	⓲ヨーロッパ
⓳アジア	⓴ショッピングセンター

---

p.32 ～ p.33	予想問題

1 (1)ロッキー山脈　(2)東側
(3)ハリケーン
(4)キリスト教
(5)イ

2 (1)①イ　②ア
(2)降水量〔雨〕
(3)適地適作
(4)(例)大型機械を使って，広い面積を経営
する企業的な農業が行われている。

3 (1)石油　(2)エ
(3)サンベルト
(4)シリコンバレー
(5)ア

4 (1)イ　(2)ヒスパニック
(3)奴隷（どれい）
(4)イ，ウ

✍**解説**
1 (1)Aのロッキー山脈は，高く険しい山脈。

---

(3)Bはカリブ海周辺地域・フロリダ半島・西イ
ンド諸島。温暖で雨の多い地域。

✗ミス注意! 「ハリケーン」を，「モンスーン」と
間違えないようにしよう。

2 (1)西経100度線の西側は降水量が少なく，西
側と東側では，行われている農業が異なる。**ウ**
は酪農，**エ**は綿花地域。

(2)農業地域の地図と，降水量の分布の地図を比
較して読み取る。放牧は西経100度線の西側で
行われていることに注目する。

(3)広大な国土で地理的条件が異なるため，自然
環境に適した農作物を大量に栽培している。

‖**練習しよう** 適地適作の「適」を攻略!

適						

(4)「企業的な農業」について説明する。

➕もひとつ**プラス**　アメリカの農業

○少ない労働力で広大な農地を経営。
○大型の農業機械，小型飛行機の使用。
○センターピボット方式の大規模なかんが
い施設。
○フィードロットとよばれる肉牛の肥育場。
○農業全般に関する仕事を大企業が行う。

3 (1)メキシコ湾岸と西部のカリフォルニア州な
どで石油を産出している。

(2)文が表している都市はピッツバーグ。現在は
鉄鋼業が衰えて，情報通信技術(ICT)産業が発
展している。

(3)ロサンゼルス，ヒューストン，ニューオーリ
ンズなどの工業都市が発展している。

(4)電子部品の半導体にシリコンを使うことから
名付けられた。

(5)現在はインドなどからの留学生が，大学で情
報通信技術を学んで，情報通信技術関連の企業
に就職している。

4 (1)アメリカは，もともとはイギリスやフラン
スの植民地であったため，ヨーロッパ系が多数
をしめる。また，綿花畑の労働力としてアフリ
カ大陸から多くの奴隷が連れてこられたため，
Bがアフリカ系となる。近年はアジア系のほか，
メキシコや西インド諸島，南アメリカからのヒ
スパニックとよばれる移民が増加している。

❶アンデス　　　　　❷パンパ
❸インカ　　　　　　❹スペイン
❺プランテーション　❻企業的（きぎょうてき）
❼バイオエタノール　❽アマゾン
❾焼畑（やきはた）　　　　　❿持続可能

① (1)Aイ　Bエ
　 (2)先住民　　(3)ウ
　 (4)バイオエタノール
② (1)アマゾン川
　 (2)焼畑農業
　 (3)パンパ　　(4)ア
　 (5)(例)経済の発展と自然環境（かんきょう）の保護を両立
　　　する考えを持つこと。

解説

① (1)**A**は年間を通して気温が高く，降水量も多
いことから熱帯。**B**は温帯の雨温図。南半球の
都市は，北半球の都市と季節が逆になる。**ア**，
ウは赤道に近いが，アンデス山脈があり，標高
が高い地域にあたるため，高山気候となる。
　(3)南アメリカ大陸にある国のうち，ブラジルは
ポルトガル語，それ以外の多くの国ではスペイ
ン語が公用語とされている。

② (1)**A**マナオスはブラジルにある熱帯の都市。
商工業を中心とした開発が進められている。

＋もひとつプラス　世界の河川

アマゾン川	南アメリカ大陸 世界で最も流域面積が広い
ナイル川	アフリカ大陸 世界で最も長い

　(3)牛，馬，豚などの飼育や，小麦の栽培も行わ
れている。
　(4)銅鉱石はチリ，鉄鉱石はオーストラリアやブ
ラジルで産出量が多い。日本の原油は，サウジ
アラビアやアラブ首長国連邦など中東の国々か
ら，石炭はオーストラリアやインドネシアから
多く輸入している。
　(5)「持続可能な開発」とは，将来の世代のこと
を考え，環境に配慮した開発を，現代でも行う
こと。

❶オーストラリア　　❷さんご礁（しょう）
❸アボリジニ　　　　❹マオリ
❺イギリス　　　　　❻APEC（エイペック）
❼公用語　　　　　　❽白豪（はくごう）
❾華人（かじん）　　　　　❿多文化

① (1)ネシア
　 (2)エ
　 (3)アボリジニ
　 (4)Xイ　Yウ
② (1)Aウ　Bア
　 (2)エ
　 (3)エ
　 (4)(例)(多様な民族が共存する中で，)それ
　　　ぞれの異なる文化を認め合う社会。

解説

① (1)「ネシア」は島々を意味する。
　(2)ニュージーランドは温帯に属する海洋国(島国)
牧羊や酪農が盛ん。**ア**はパプアニューギニア，**イ**
はオーストラリアのタスマニア島，**ウ**はフィジー。
　(3)アボリジニは，イギリスの入植以後，人口が
激減した。

ミス注意！ オーストラリアの先住民はアボリジニ
ニュージーランドの先住民はマオリ。間違えな
いようにしよう。
　(4)オーストラリアはイギリスの植民地であった
ことから，イギリスとの関係が深かったが，近
年はアジアの国々との結び付きが強まっている
② (1)オーストラリアの南東部では羊が多く飼育
され，かつては羊毛が輸出品の中心だった。近
年は，鉱産資源が主要な輸出品目となっている
　(2)**ア**は鉄鉱石，**イ**はウラン，**ウ**はボーキサイト
エは石炭の分布。
　(3)近年はアジア州からの移民が増え，華人とよ
ばれる中国系の人々がチャイナタウンを形成し
ている地域もある。
　(4)多文化社会について説明する。さまざまな民
族や人種が同じ国や都市に暮らす中で，たがい
の文化にちがいがあることを認めて理解し合い
対等な関係で平等な社会を創り出していくこと
たがいに尊重し合うことを書く。

第1章　地域調査の手法

p.38～p.39　ココが要点

❶統計資料　　　　　❷仮説
❸国土地理院　　　　❹縮尺（しゅくしゃく）
❺方位　　　　　　　❻等高線
❼地図記号　　　　　❽田
❾果樹園　　　　　　❿老人ホーム
⓫フィールドワーク　⓬ルートマップ
⓭聞き取り　　　　　⓮文献（ぶんけん）
⓯インターネット　　⓰分布
⓱ドットマップ　　　⓲階級区分図
⓳図形表現図　　　　⓴流線図

p.40～p.41　予想問題

1 (1)①イ　②ア　③エ
　　(2)①イ　②ア　③ウ

2 (1)国土地理院
　　(2)1250m　　(3)南西
　　(4)A病院　　B市役所
　　　C博物館〔美術館〕　D図書館

3 (1)イ，エ
　　(2)(例)田の面積は減少し，住宅地の面積は
　　　増加した。

4 (1)記号　B
　　　理由　(例)Bの方が，等高線の間隔（かんかく）がせ
　　　　　　まいから。
　　(2)イ　　(3)ウ

解説

1 (2)①は棒グラフ，②は帯グラフ，③は折れ線
グラフで表すとわかりやすい。

✚もひとつ**プラス**　さまざまなグラフ

円グラフ・帯グラフ	割合を表すとき
棒グラフ	数量を比較するとき
折れ線グラフ	数量の変化を見るとき

2 (2)実際の距離＝（地形図上の距離）×（縮尺の
分母）。地形図上では5cmなので，実際の距離
は，5×25000＝125000(cm)＝1250(m)。

3 (1)ア「薊野中町」「薊野南町」のように地名は

残っている。ウ久万川大橋・曙大橋は，1955年
の地形図には見られない。
　　(2)「田」の地図記号のあった土地がどのように
変化したかを説明する。

4 (1)等高線の間隔がせまければ傾斜は急になり，
間隔が広ければ傾斜は緩やかになる。
　　(2)等高線は10mごとに示されているので，C地
点の標高は約20m，D地点の標高は約110m。
　　(3)縮尺2万5000分の1の地形図で，2cmの実
際の距離は2×25000＝50000(cm)＝500(m)＝
0.5(km)。よって0.5×0.5＝0.25(km²)。

第2章　日本の地域的特色と地域区分

p.42　ココが要点

❶変動帯　　　　　　❷日本アルプス
❸フォッサマグナ　　❹流域面積
❺扇状地（せんじょうち）　❻三角州（さんかくす）
❼リアス海岸　　　　❽大陸棚（たいりくだな）
❾黒潮（くろしお）　　　❿親潮（おやしお）

p.43　予想問題

1 (1)ア，エ　　(2)日本アルプス
　　(3)リアス海岸　　(4)ア

2 (1)エ　　(2)①扇状地　②イ
　　(3)三角州
　　(4)(例)距離（きょり）が短く，流れが急である。

解説

1 (2)Aの山脈は北から，飛騨，木曽，赤石山脈。
標高3000m級の山々。
　　(3)Bの三陸海岸や，志摩半島，若狭湾岸，長崎
県などで見られる。
　　(4)Xは寒流，Yは暖流。親潮と黒潮のぶつかる
太平洋沖は，潮境がある豊かな漁場である。

2 (1)甲府盆地や山形盆地などがある。

✚もひとつ**プラス**　地形の分類

山脈	山が細長く列状に連なる所
高地	標高が高く，起伏が大きくない所
平野	標高が低く，海に面した平らな所
盆地	山に囲まれて平らな所
台地	平野や盆地のうち，一段高い平らな所

(3)三角州は土地が肥えているため，水田などに利用されている。

ミス注意! 「扇状地」は，川が山地などから出た所，「三角州」は川が海へ流れこむ所にできる。間違えないようにしよう。

(4)資料から，日本の河川を表した線の傾きは，標高が高く，河口からの距離が短い点に着目する。つまり，短い距離でいきおいよく川が流れる(急流である)ことが読み取れる。

---

p.44　ココが**要点**

❶温暖湿潤　　　　❷季節風〔モンスーン〕
❸梅雨　　　　　　❹亜熱
❺冷帯　　　　　　❻地震
❼津波　　　　　　❽冷害
❾ハザードマップ　❿減災

---

p.45　予想問題

1️⃣ (1)①エ　②オ　③ウ
　　(2)梅雨　　(3)エ
　　(4)(例)冬に大陸からふくしめった季節風が大量の雪をもたらすから。
2️⃣ (1)①冷害　②津波
　　(2)ウ，エ

解説
1️⃣ (1)①は夏の降水量が多いことから太平洋側の気候，②は温暖で年間の降水量が少ないことから瀬戸内の気候，③は冬の降水量が多いことから日本海側の気候の雨温図。**ア**は北海道の気候，**イ**は中央高地の気候，**ウ**は日本海側の気候，**エ**は太平洋側の気候，**オ**は瀬戸内の気候，**カ**は南西諸島の気候に属する。
(3)亜熱帯は温帯の中でも，年間を通じて気温が高く降水量も多いことがあげられる。
(4)かわいた季節風が，日本海を流れる暖流の対馬海流から水蒸気を吸い上げ，雪を降らせる。

もひとつプラス　日本の気候と季節風

冬の季節風	大陸から海洋，北西の風
夏の季節風	海洋から大陸，南東の風

2️⃣ (1)②2011年3月11日に起こった東日本大震災のときは，関東地方・東北地方の太平洋側に津波がおし寄せた。

---

(2)防災マップ(ハザードマップ)は，災害が起こったときの被害の大きさを予測し，避難場所や経路などを示すことで，できるだけ被害を少なくする目的で作られている。

---

p.46　ココが**要点**

❶少子高齢　　　　❷人口
❸密度　　　　　　❹三大都市圏
❺地方中枢　　　　❻政令指定
❼過密　　　　　　❽ドーナツ化現象
❾都心回帰　　　　❿過疎

---

p.47　予想問題

1️⃣ (1)三大都市圏
　　(2)地方中枢都市　　(3)政令指定都市
2️⃣ (1)①ウ　②イ
　　(2)①再開発
　　　②ドーナツ化現象
　　　③都心回帰
　　(3)Iターン
　　(4)(例)子どもの数が減少し，高齢者の割合が増加する少子高齢化が進んでいる。

解説
1️⃣ (1)東京を中心とする東京大都市圏，大阪を中心とする大阪大都市圏，名古屋を中心とする名古屋大都市圏。
(2)地方中枢都市は，札幌市・仙台市・広島市・福岡市など。
(3)神奈川県のように，政令指令都市が複数ある県も見られる(横浜市，川崎市，相模原市)。
2️⃣ (1)**ア**は都市化が進む地域で見られる現象。**エ**は先進国で見られる現象。

練習しよう　「過疎」を攻略!

過疎

(2)②郊外にはニュータウンがつくられた。
(3)地方出身者が，出身地に戻ることはUターンという。
(4)日本の人口ピラミッドは，1935年は富士山型だったが，1960年にはつりがね型，2015年にはつぼ型に変化した。高齢者を表す上位部分の面積が増加し，子どもを表す下位部分の面積が減少している。

❶鉱産　　　　　❷水力
❸火力　　　　　❹地球温暖化
❺原子力　　　　❻再生可能
❼リサイクル　　❽食料自給率
❾太平洋ベルト　❿加工貿易
⓫産業の空洞化

p.49　予想問題

1 (1)A水力発電所　B火力発電所
　　C原子力発電所
　(2)ウ　　(3)ア
2 (1)太平洋ベルト
　(2)A中京工業地帯
　　B瀬戸内工業地域
　(3)イ
　(4)(例) 原料を輸入し，（工業）製品に加工し
　　て輸出する貿易。

解説

1 (1)Aは内陸部，Bは都市の沿岸部，Cは都市
から離れた沿岸部にあることに注目する。
(2)アは石油や天然ガスなどの化石燃料を燃やす
電力，イはウランという燃料から得る電力。
(3)アは都市鉱山ともよばれる廃棄物から資源を
リサイクルする試み。エは，近年，一般家庭に
も普及している太陽光発電に使われる。

2 (1)太平洋ベルトは，九州地方の北部から関東
地方にかけて帯状に連なる地域。
(2)A中京工業地帯では，豊田市を中心とした地
域自動車工業が盛ん。

もうひとつプラス　工業地帯・工業地域

京浜工業地帯	東京都・神奈川県が中心
京葉工業地域	千葉県の沿岸部 化学工業が盛ん
中京工業地帯	自動車工業が盛ん
阪神工業地帯	大阪湾の沿岸部。金属工業・化学工業が盛ん
瀬戸内工業地域	瀬戸内海の沿岸部
北九州工業地域	福岡県の北九州市を中心に広がる

(3)沖縄県や北海道では，第三次産業にふくまれ
る観光業が盛んである。

(4)現在は，海外から工業製品を輸入することが
増えてきている。

❶過疎　　　　　　❷航空機
❸電子　　　　　　❹高速交通
❺三大都市圏　　　❻国際
❼コンテナ　　　　❽情報通信網
❾光ファイバー　　❿インターネット

p.51　予想問題

1 (1)Aウ　Cイ
　(2)エ　　(3)ア　　(4)ウ
2 (1)ア，エ
　(2)三大都市圏　　(3)ア，ウ

解説

1 (1)Aは高速道路網の整備が進み，増加してい
る輸送手段。Bは鉄道。Cは海洋国(島国)であ
る日本では一定の輸送量がある。
(2)ア・イは近距離，ウは中距離の移動に主に使
われる。航空機での移動は，長距離ほど，多く
利用される傾向にある。
(3)船舶(大型船)は，安く大量に運べるという利
点があるので，ほかの交通手段と組み合わせて
利用されることが多い。
(4)スマートフォンは，Xのパソコンや Yのイン
ターネットよりも後に普及した。

2 (1)新潟県と島根県は，ともに第一次産業就業
者数の割合が4〜8%未満。
(3)第一次産業は農林水産業なので，第一次産業
就業者数の割合が高ければ，農林水産業が盛ん
とわかる。また，地図1，地図2をあわせて考
えると，第一次産業就業者数の割合が8%以上
である県の多くは，平均年齢が48歳以上であり，
少子高齢化が進んでいると考えられる。

もうひとつプラス　産業の分類

第一次産業	ものを生産する産業 …農林水産業など
第二次産業	ものを加工する産業 …製造業・建設業など
第三次産業	直接ものを生産しない産業… 運輸業・情報サービス業など

第3章　日本の諸地域

p.52　ココが要点

❶カルデラ　　❷シラス
❸さんご礁　　❹土石流
❺二毛作　　　❻促成
❼リゾート　　❽公害
❾エコタウン　❿持続可能

p.53　予想問題

1　(1)カルデラ　　(2)ウ
　(3)① B　② C
　(4)エ
2　(1)ウ　　(2)ア
　(3)(例)米の裏作に小麦を栽培すること。
　　〔1年に二度，同じ耕地で異なる作物を
　　栽培すること。〕
　(4)水俣市　　(5)エコタウン

解説

1　(1)阿蘇山のカルデラには，水田や市街地が広がっている。

ミス注意!　「カルデラ」と「シラス」を間違えないようにしよう。

(2)雨温図は夏と冬の気温差があまり大きくなく，年間を通して比較的温暖なことから，亜熱帯の南西諸島の気候。ア，イは太平洋側の気候。
(3)Aは筑紫平野で，二毛作が行われている。Bは宮崎平野で野菜の促成栽培が盛ん。Cはシラスとよばれる火山灰が積もった地域で，畑作や畜産が盛ん。Dは沖縄で，パイナップルやさとうきび，花の生産が盛ん。
2　(1)地熱発電は九州地方・東北地方で盛ん。大分県には日本最大級の八丁原発電所がある。
(3)筑紫平野では，米の裏作として小麦を栽培している。

もひとつプラス　二期作と二毛作

二期作	1年に二度,同じ耕地で同じ作物(主に米)を栽培すること
二毛作	1年に二度,同じ耕地で異なる作物(米と麦など)を栽培すること

(4)四大公害病は，イタイイタイ病・水俣病・新潟水俣病・四日市ぜんそく。

p.54　ココが要点

❶山陰　　　　❷本州四国連絡橋
❸瀬戸大橋　　❹ストロー
❺瀬戸内　　　❻コンビナート
❼促成　　　　❽養殖
❾過疎　　　　❿村おこし

p.55　予想問題

1　(1)イ
　(2)本州四国連絡橋
　(3)イ，エ
2　(1)広島市
　(2)Aウ　Bア
　(3)瀬戸内工業地域
　(4)エ
　(5)(例)複雑な海岸線に囲まれた内海で，波がおだやかだから。

解説

1　(1)雨温図は，年間を通じて降水量が少なく，気温は温暖なことから，瀬戸内の気候。アは日本海側の気候，ウは太平洋側の気候。

もひとつプラス　中国・四国地方の気候

山陰(中国山地の北側)	北西の季節風の影響を受け，冬に雪が多い日本海側の気候
瀬戸内(中国山地と四国山地の間)	1年間を通じて降水量が少ない
南四国(四国山地の南側)	南東の季節風の影響を受け，夏に降水量が多い太平洋側の気候

(2)3つのルートは東側から，神戸(兵庫県)・鳴門(徳島県)ルートの明石海峡大橋・大鳴門橋，児島(岡山県)・坂出(香川県)ルートの瀬戸大橋，尾道(広島県)・今治(愛媛県)ルートの瀬戸内しまなみ海道。
2　(1)広島県の県庁所在地。広島市は，中国・四国地方の地方中枢都市でもある。
(2)Aは鳥取砂丘，Bは高知平野。イは広島県，エは愛媛県で栽培が盛ん。
(3)第二次世界大戦後，徳山(山口県)や倉敷(岡山県)に石油化学コンビナートが建設され，化学工業を中心に発達した。

(5)養殖は，いけすなどの人工施設で卵から出荷まで魚を育てる。海流の影響を受けない水域が適している。

p.56	ココ が 要点

❶リアス
❷大阪大都市
❸阪神工業
❹再開発
❺ニュータウン
❻うめ立て
❼ターミナル
❽過疎
❾林業
❿ブランド

p.57	予想問題

1 (1)ウ　　(2)琵琶湖
(3)ア，ウ　　(4)再開発

2 (1)イ，ウ
(2)ア　　(3)イ
(4)(例)京都の歴史的な町並みに調和させるため。

解説

1 (1)雨温図は，年間を通じて温暖で，降水量が夏に特に多いことから，太平洋側の気候。アは日本海側の気候，イは瀬戸内の気候。
(2)日本一面積の広い湖。

練習**しよう** 琵琶湖の「琵」を攻略！

琵	琶						

(3)戦前はせんい工業が発達し，戦後，製鉄所や石油化学コンビナートが建設された。現在は，臨海部の再開発が進められ，内陸部の東大阪市で精密な部品を多く生産している。

2 (1)ニュータウンでは，若い世代の流出が続き，住民の高齢化が進んでいる。アは過密(過度に人口が集中すること)が進む都市部，エは再開発が進む地域などで見られる。
(2)イは廃棄物ゼロを目指す事業。ウは列車の始発・終着駅。エは政府が認定した，低炭素社会の実現を目指す取り組みを行っている都市。
(3)地域の活性化を目指して，地域の特性を生かした商品をつくっている。アは過疎化が進む地域で，日常生活を送りやすくするために行われている。ウ・エは都市部の開発を目的として行われている。
(4)ほかの地域の看板は目立つような色をしてい

るが，ここでは白くなって風景と調和している。

p.58 ～ p.59	ココ が 要点

❶信濃
❷日本アルプス
❸東海
❹北陸
❺中央高地
❻名古屋大都市
❼自動車
❽中京
❾東海
❿施設園芸
⓫扇状地
⓬果樹
⓭高原
⓮精密機械
⓯電子
⓰合掌造り
⓱早場米
⓲銘柄米
⓳伝統
⓴地場

p.60 ～ p.61	予想問題

1 (1)A飛騨山脈　B富士山
(2)①ア　②季節風〔モンスーン〕
(3)輪中

2 (1)Bイ　Dウ　　(2)エ
(3)エ　　(4)ウ

3 (1)①ウ　②ア
(2)イ
(3)(例)夏でもすずしい気候だから。
(4)エ

4 (1)ア　　(2)ウ　　(3)エ
(4)伝統産業
(5)イ

解説

1 (1)Aは日本アルプスとよばれる山脈の１つ。Bの富士山は日本で最も標高が高い山で，世界遺産(文化遺産)に登録された。

練習**しよう** 飛騨山脈の「騨」を攻略！

騨							

(2)①雨温図は冬の降水量が多いので日本海側の気候。イは中央高地の気候，ウは太平洋側の気候。
(3)洪水を防ぐための堤防によって，輪のように囲まれたことからよばれた。

ミス注意! 「輪中」と「堤防」を間違えないようにしよう。

2 (1)Bは2016年でしめる割合が最も高いので機械。Dは1960年でしめる割合が最も高いのでせんい。Aは金属，Cは化学。

(3)東海工業地域は，静岡県の太平洋岸に広がっている。

➕もひとつプラス　中京工業地帯・東海工業地域

中京工業地帯	愛知県豊田市…自動車工業 愛知県東海市…鉄鋼業 三重県四日市市…石油化学工業
東海工業地域	浜松市…オートバイ・楽器の製造 富士市…製紙・パルプ工業

3 (1)(2)甲府盆地や長野盆地には，水はけのよい扇状地が広がっている。

(3)高原では，夏でもすずしい気候を生かして，暑さに弱い作物を栽培している。

(4)エは現在の諏訪湖周辺の様子について述べており，精密機械工業の発展とは関係しない。

4 (1)一般の米よりも早い8月に刈り取る。

(4)小千谷ちぢみは新潟県，輪島塗は石川県，越前和紙は福井県の伝統的工芸品。

(5)アは富山の地場産業。ウは新潟県燕市，エは静岡県富士市などで盛んに造られている。

---

p.62～p.63 ココが要点

❶関東ローム　❷からっ風
❸ヒートアイランド　❹東京大都市
❺京浜工業　❻近郊
❼首都　❽情報通信
❾再開発　❿成田国際空港
⓫昼間　⓬夜間
⓭ターミナル　⓮横浜みなとみらい21
⓯筑波研究学園　⓰京葉工業
⓱北関東　⓲畜産
⓳工芸　⓴高原

---

p.64～p.65 予想問題

1 (1)A関東山地　B利根川
　(2)イ　(3)ウ
　(4)関東ローム　(5)イ
2 (1)エ　(2)エ　(3)ア　(4)イ
3 (1)ア
　(2)①昼間人口　②夜間人口
　(3)横浜みなとみらい21

---

(4)(例)東京の中心部に集中する都市機能を分散させるため。

4 (1)X京浜工業地帯　Y京葉工業地域
　(2)近郊農業
　(3)①ア　②エ

◤解説◢

1 (1)Bは日本で最も流域面積が広い川。

(2)雨温図は，太平洋側の気候。関東地方は大部分が太平洋側の気候に属する。

(3)アは南部の夏の海沿いの様子。イは内陸部の夏の山沿いの様子。

(5)首都の東京には，日本の人口の約1割が集中している。

2 (1)エは茨城県に置かれている。

(2)アは約0.6%，イは約26%，ウは約10%。首都である東京には多くの情報が集まるため，出版・印刷業が盛ん。

(3)東京には，世界各国の企業・大使館が集まっており，多くの外国人が暮らしている。

(4)イは愛知県にある貿易港。アは千葉県，ウ・エは神奈川県にある。成田国際空港は，軽量で高価な半導体や医薬品などが主な貿易品である。また，人の移動に関しても，外国との玄関口となっている。

3 (1)イ～エは，いずれも過疎化が進む地域で見られる現象。

(2)東京都の23区内は，通勤や通学で人が集まってくるため，昼間人口が多い。一方で，東京都の周辺の県では，昼間人口よりも夜間人口の方が多くなる。

✖ミス注意!「昼間人口」と「夜間人口」を間違えないようにしよう。

(3)(4)幕張新都心は千葉県の東京湾沿いに建設された。このような再開発事業が，東京に集中する都市機能を各地に分散するために行われている。

4 (1)東京湾の東側にある県は千葉県。京葉工業地域では，化学工業がとくに盛ん。

✖ミス注意!「京浜工業地帯」と「京葉工業地域」を間違えないようにしよう。

(3)②は千葉県の半島であり，暖流の黒潮の影響を受け，1年を通して温暖な気候となっている。イは甲府盆地や長野盆地などで盛ん。ウのかん

ぴょうは栃木県，こんにゃくは群馬県で生産が盛ん。

❶奥羽
❸潮境
❺重要無形民俗
❼伝統的工芸品
❾工業

❷リアス
❹やませ
❻伝統
❽地場
❿東日本

1 (1)A奥羽山脈　B庄内平野
(2)Y
(3)①イ　②エ
(4)潮境

2 (1)①ア　②ウ
(2)①ウ　②エ
(3)(例)津波の教訓を伝える(石)碑を建てる。
(例)防災意識を高める取り組みを実施している。

解説

1 (1)Aは東北地方の背骨といわれている山脈である。
(2)宮古市は，東北地方の太平洋側の都市。北東からふくやませの影響を受けて，夏の気温が低くなる。Xは秋田市で，北西からふく季節風の影響を受けて，冬の降水量が多くなっている。
(3)アは山梨県，ウは和歌山県が生産量第1位。

もひとつプラス　さまざまな果実の生産地

りんご	すずしい地域で栽培が盛ん 青森県・長野県など
みかん	温暖な地域で栽培が盛ん 和歌山県・愛媛県・静岡県など
ぶどう	山梨県・長野県・山形県など
もも	山梨県・福島県・長野県など
さくらんぼ	山形県など

(4)魚のえさとなるプランクトンが多く集まるため，よい漁場を形成する。

ミス注意！「潮境」と「大陸棚」を間違えないようにしよう。

2 (1)①は秋田県で行われている大みそかの行事。②は秋田市で行われている竿燈まつり。

---

(2)アは青森県，イは岩手県の伝統的工芸品。

もひとつプラス　東北地方の祭り・伝統的工芸品

青森県	ねぶた祭・津軽塗
岩手県	盛岡さんさ踊り・南部鉄器
宮城県	仙台七夕まつり・宮城伝統こけし
秋田県	秋田竿燈まつり・樺細工
山形県	山形花笠まつり・天童将棋駒
福島県	福島わらじまつり・会津塗

(3)石碑や古典の中に，過去に東北地方で起こった地震や津波の被害が記されている。

❶国立
❸アイヌ
❺防災マップ
❼酪農
❾世界遺産

❷濃霧
❹ロードヒーティング
❻輪作
❽地産地消
❿エコツーリズム

1 (1)濃霧　(2)アイヌの人々
(3)札幌市　(4)ア，エ
(5)養殖

2 (1)Aウ　Bイ　Cエ
(2)イ　(3)ウ

解説

1 (1)濃霧が発生すると，日差しがさえぎられるため，気温が上がらず，冷害の原因にもなる。
(2)北海道は，江戸時代には蝦夷地とよばれていた。明治時代以降，開拓が行われ，アイヌの人々の生活の場が失われていった。
(3)札幌市は政令指定都市でもある。

練習しよう　札幌市の「幌」を攻略！

幌					

(4)イ・ウは沖縄で見られる住居の工夫。

2 (1)Aは石狩平野，Bは十勝平野，Cは根釧台地。アは本州の静岡県や愛媛県，和歌山県などで行われているみかんの栽培の特徴。
(2)てんさいは砂糖の原料となる農作物。日本では，北海道でのみ栽培されている。アは主に沖縄県で生産されている，砂糖の原料となる農作

物。**ウ**は青森県・長野県での生産が多い。

(3)海岸部であることに注目する。冬になると，オホーツク海沿岸に北から流氷が流れてくる。北海道にも多くの火山や温泉があるが，これらは海岸部ではなく内陸部にある。

p.70 **ココが要点**

❶持続可能　　　　❷高齢(こうれい)
❸地形図　　　　　❹考察
❺インターネット　❻影響(えいきょう)
❼経済　　　　　　❽提案
❾根拠(こんきょ)　　　❿立場

p.71 **予想問題**

1 (1)エ　(2)国際連合〔国連〕
　(3)①ア　②イ　③ア
2 (1)①イ　②ア
　(2)Xア　Yウ　Zイ

解説

1 (1)**ア**は情報通信技術，**イ**は非政府組織，**ウ**は新興工業経済地域の略称。

(2)1945年10月に，世界平和を目的として結成された。アメリカのニューヨークに本部がある。

(3)①2008～2011年に比べて，2012～2017年は歩行者の通行量が減少傾向にある。

②15歳までの人口の割合が減少しており，少子化が進んでいると判断できる。

③2001年と2014年を比べると，中心市街地の事業所が減っているので，中心市街地に人が集まりにくくなったと判断できる。

2 (1)①郊外に造られた大規模なショッピングセンターに買い物に行く人が増えているため，中心市街地に買い物に出かける人が減っていると考えられる。

②若い世代が都市部などほかの地域に流出しているため，郊外の住宅団地で暮らす若い世代が減少しており，郊外では高齢化が進んでいると考えられる。

(2)**X** コミュニティバスを運行することにより，中心市街地に人（郊外で暮らす高齢者）を呼びこもうとしている。

Y Z 郊外で暮らす高齢者の中には，移動に便利な自動車を保有していない人もいると考えられ

る。そこで，中心市街地と郊外を結ぶコミュニティバスを運行することで，郊外から中心市街地に出かけやすくしようとしている。

p.72 **予想問題**

1 (1)本初子午線　(2)明石市(あかし)
　(3)1日進める
　(4)①14時間　②10時間
　(5)シドニー　1月1日午前7時
　　ニューヨーク　12月31日午後4時
　(6)(例)国土が東西に長い。
2 (1)ウ　(2)1月8日午後3時30分

解説

1 (3)日付変更線を西から東にまたぐとき，時刻は1日おくらせる。逆に東から西にまたぐとき時刻は1日進める。

(4)シドニーは東経150度の経線，ニューヨークは西経75度の経線を標準時子午線としている。また，経度差15度で1時間の時差が生じる。

①東京は東経135度の経線を標準時子午線としているので，時差は，(135＋75)÷15＝14(時間)

②ロンドンは経度0度の本初子午線が標準時子午線。時差は，150÷15＝10(時間)となる。

(5)東京とシドニーの時差は，(150－135)÷15＝1(時間)。シドニーの方が，東京よりも時刻は進んでいるので，求める時刻は東京の1時間後となる。また，東京とニューヨークの時差は14時間であり，東京の方が，ニューヨークよりも時刻は進んでいるので，求める時刻は東京の14時間前となる。

2 (1)日本とロンドンの時差は，135÷15＝9(時間)。日本はロンドンよりも時刻が進んでいるので，日本を出発したときのロンドンの時刻は日本の9時間前の1月4日午前2時30分。ロンドン到着時は4日午後3時30分なので，飛行時間は15：30－2：30＝13(時間)となる。

(2)日本とサンフランシスコの時差は(135＋120)÷15＝17(時間)。日本はサンフランシスコよりも時刻が進んでいるので，サンフランシスコを出発したときの日本の時刻は，サンフランシスコの17時間後の1月8日午前4時となる。飛行時間は11時間30分なので，成田国際空港に到着したときの現地時間は8日午後3時30分となる

6 5 4 3
D C B A

テストに出る!

5分間攻略ブック

東京書籍版

社 会
地 理

重要用語をサクッと確認

よく出る資料を
まとめておさえる

赤シートを
活用しよう!

テスト前に最後のチェック!
休み時間にも使えるよ♪

「5分間攻略ブック」は取りはずして使用できます。

第1編
第1章　世界の姿

教科書
p.8〜p.19

◎まとめておぼえる！

地球の姿

◆**六大陸**と**三大洋**

◆六つの州

◆南北を**緯度**東西を**経度**で位置を表す

・緯度0度の線…**赤道**

・経度0度の線…**本初子午線**

・地球儀…地球をほぼ正確に表せる　持ち運びが不便
・世界地図…距離，方位，面積，形のすべてを同時に正確に表すことはできないので，目的に合わせる

世界の国々

◆国名…**エクアドル**(赤道のスペイン語)，**コロンビア**(コロンブス／人名)など

◆国旗…歴史や人々の願いを表す

◆**海洋国**(島国)…海に囲まれた国→日本など

◆内陸国…海と接している部分がない

◆最も面積の大きい国…**ロシア連邦**

◆人口の多い国…**中国**，インド

・国境…国と国との境　自然の地形を利用した国境線と人工的な国境線がある

・オセアニア州の国々…南十字星，イギリスの国旗（ユニオンジャック）が一部に入るものがある
・イスラム教徒が多い国…三日月と星がえがかれたものが見られる

◎資料でおぼえる！

▼六大陸と三大洋

▼六つの州

▼緯線と経線

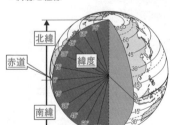

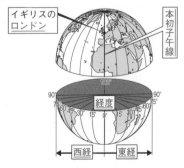

2　　　　　　東京書籍版　社会地理

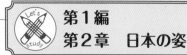

◎まとめておぼえる！

日本の位置

- ◆アジア州，東アジア，**海洋国（島国）**
- ◆ユーラシア大陸の東側
- ◆同じくらいの緯度…地中海，**アフリカ大陸**
  の北端(関東地方)など
- ◆同じくらいの**経度**…オーストラリア

- ・東経 122 度から 154 度，
  北緯 20 度から 46 度

- ・<u>ヨーロッパ州</u>の多くの国々は北海道よりも高緯度に位置する

日本の領域

- ◆国土面積…**約 38 万km²**
- ◆国土の 10 倍以上の<u>排他的経済水域</u>
- ◆領土をめぐる問題

- ・北海道から沖縄まで<u>約 3000km</u>

- ・<u>北方領土</u>…ロシアが不法に占拠
- ・尖閣諸島…日本固有の領土←近年
  中国などが領有権を主張
- ・竹島…韓国が不法に占拠

都道府県と地域区分

- ◆**47 都道府県**…1都1道2府43県
- ◆**7地方区分**
- ◆中部地方…北陸，中央高地，東海
  　　中国・四国地方…山陰，瀬戸内，南四国

- ・明治時代の廃藩置県で始まる

◎資料でおぼえる！

▼日本の領域

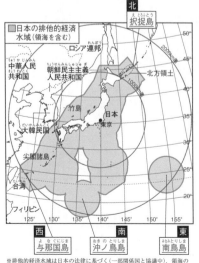

※排他的経済水域は日本の法律に基づく（一部関係国と協議中）。領海の外側で海岸から200海里の範囲。

▼日本の地域区分

時差の調べ方

◎まとめておぼえる！

時差

◆**経度15度**で**1時間**の時差

◆**標準時子午線**…標準時の基準

各地の標準時の差が時差

経度の差÷15＝時差

◆日本の標準時…**東経135度**

◆**本初子午線**…**経度0度**

日付変更線

◆地球1周で時差が24時間…日付を調節

◆だいたい**180度**の経線に沿って，陸地に

かからないよう太平洋上に引かれる

◆西から東にこえる…－1日

◆東から西にこえる…＋1日

・地球は360度を24時間で一回転する
360度÷24時間＝15度

・同じ標準時を使う地域…等時帯

・兵庫県明石市などを通る経線

・ロンドンの旧グリニッジ天文台を通る経線
・東経はロンドンの標準時より時刻が早い
・西経はロンドンの標準時より時刻が遅い

◎資料でおぼえる！

▼経度0度を中心とした時差を表す地図

本初子午線　　日本の標準時子午線

180° 165° 150° 135° 120° 105° 90° 75° 60° 45° 30° 15° 0° 15° 30° 45° 60° 75° 90° 105° 120° 135° 150° 165° 180° 165° 150°

東経　西経　　　　　　　　　　　　　　西経 東経　　　　　　　　　　　　　　　　東経　西経

モスクワ

ロンドン

ニューヨーク

ペキン

明石

赤道

リオデジャネイロ

キャンベラ

1日進める

1日遅らせる

日付変更線

1日進める

1日遅らせる

▼日本が1月1日午前10時のときの各地の日時（日本との時差）

ニューヨーク（－14）	12月31日午後8時	ペキン（－1）	1月1日午前9時
ロンドン（－9）	1月1日午前1時	キャンベラ（＋1）	1月1日午前11時
モスクワ（－6）	1月1日午前4時	リオデジャネイロ（－12）	12月31日午後10時

第2編
第1章　世界各地の人々の生活と環境

◎まとめておぼえる！

各地の気候

◆寒帯　**ツンドラ気候**…夏に草やこけ

　　氷雪気候…一年中，雪や氷

◆冷帯（亜寒帯）…シベリアの**タイガ**

◆温帯　**西岸海洋性気候**…一年中一定の降雨

　　温暖湿潤気候…四季がはっきり

　　地中海性気候…夏に乾燥，冬に降雨

◆乾燥帯　**ステップ気候**…草原，**サヘル**

　　砂漠気候…**オアシス**でのみ植物が生える

◆熱帯　**サバナ気候**…**雨季**と**乾季**

　　熱帯雨林気候…一年中高温多雨，熱帯雨林

　　が広がる，マングローブ，さんご礁

◆**高山気候**…同じ緯度の場所より気温が低い，

　　一年中気温はあまり変わらない

・カナダの<u>イヌイット</u>が，カリブー
　やあざらしの狩り

・<u>焼畑農業</u>，かんがいによる農業，
　砂漠化

・<u>仏教</u>…東南アジア，東アジア
　教典は「経」
・<u>キリスト教</u>…ヨーロッパ，南北ア
　メリカ，オセアニア，「聖書」
・<u>イスラム教</u>…北アフリカ，西アジ
　ア，中央アジア，東南アジア，「コー
　ラン」

世界の宗教

◆三大宗教…仏教，キリスト教，イスラム教

◆特定の地域や民族の宗教

〈例〉
・<u>ヒンドゥー教</u>…インド
・<u>ユダヤ教</u>…ユダヤ民族

◎資料でおぼえる！

▼世界の気候区分

温帯	地中海性気候
	西岸海洋性気候　温暖湿潤気候

冷〔亜寒〕帯

寒帯	
	ツンドラ気候
	氷雪気候

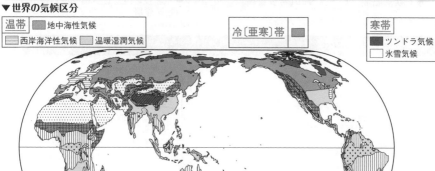

乾燥帯	砂漠気候
	ステップ気候

熱帯	熱帯雨林気候　サバナ気候

高山気候	

◎まとめておぼえる！

アジアを5つに分けると？

◆東アジア…日本，中国など

◆東南アジア…ベトナム，マレーシアなど

◆南アジア…インドなど

◆西アジア…サウジアラビアなど

◆中央アジア…カザフスタンなど

・東アジアはモンスーン（季節風）の影響で四季がはっきり
・東南アジア，南アジアは雨季と乾季に分かれる
・内陸部は乾燥帯
・赤道付近は熱帯
・シベリアは寒帯や冷帯（亜寒帯）

東アジア

◆急速に工業が発展した**アジア NIES**

◆発展が著しい**中華人民共和国**

・経済特区，西部大開発で発展

・仏教，イスラム教，ヒンドゥー教，キリスト教などが信仰されている
・米の二期作

東南アジア

◆東南アジア諸国連合（ASEAN）…経済成長

◆**プランテーション**による大規模栽培

・天然ゴムやコーヒーの栽培

南アジア

◆情報通信技術(ICT)産業…インド

・英語が準公用語

西アジア

◆石油を産出する国＝産油国が多い

◆石油輸出国機構(OPEC)

・人口のほとんどがイスラム教徒

中央アジア

◆石炭，石油，レアメタル(希少金属)，天然ガスなどの鉱産資源が豊富

・イスラム教が中心。
・シルクロード（絹の道）の遺産群

◎資料でおぼえる！

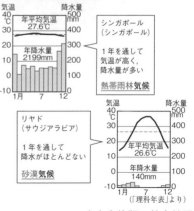

▼アジア州各地の雨温図

シンガポール（シンガポール）

1年を通して気温が高く，降水量が多い

熱帯雨林気候

年平均気温 27.6℃
年降水量 2199mm

リヤド（サウジアラビア）

1年を通して降水がほとんどない

砂漠気候

年平均気温 26.6℃
年降水量 140mm

（「理科年表」より）

◎まとめておぼえる！

★ヨーロッパ州

ヨーロッパ州の様子

◆ <u>北大西洋海流</u>と<u>偏西風</u>の影響で高緯度にも
かかわらず温暖

◆各地の気候のちがい…農業に影響 ○

◆ <u>キリスト教</u>。民族により言語が異なる ○

・地中海沿岸…乾燥に強いオリーブ，
小麦を栽培
・<u>フランス</u>，ドイツ…小麦・ライ麦
などの穀物を生産

・北西部…<u>ゲルマン系</u>，東部…<u>スラ
ブ系</u>，南部…<u>ラテン系</u>

ヨーロッパの統合と課題

◆イギリス，フランスでいち早く工業化 ○

◆ <u>EU（ヨーロッパ連合）</u> ○

◆共通通貨<u>ユーロ</u>…多くの国で導入

◆東西<u>経済格差</u>が課題…東ヨーロッパの方が
<u>賃金</u>が低い傾向

◆外国人労働者，難民の問題もある

・重化学工業の発達で<u>酸性雨</u>

・加盟国間はパスポート不要
・航空機を国境をこえて生産
・<u>イギリス</u>は2020年に離脱

★アフリカ州

アフリカの歴史と経済

◆16世紀以降，ヨーロッパの植民地に ○

◆ <u>アフリカ連合（AU）</u>

◆プランテーション，<u>モノカルチャー経済</u> ○

・奴隷として多くの人々が連行
・1950年代以降，次々独立
・植民地時代の言語が<u>公用語</u>に

・カカオ，綿花，コーヒーなど
・近年は<u>レアメタル</u>

◎資料でおぼえる！

▼ヨーロッパ州

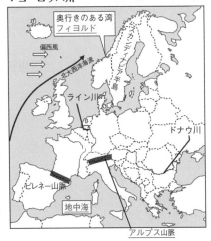

▼アフリカ州

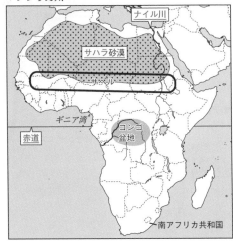

◎まとめておぼえる！

北アメリカ州の国々
- ◆アメリカ合衆国（がっしゅうこく）
- ◆カナダ
- ◆メキシコ
- ◆西インド諸島，中央アメリカの国々

アメリカ合衆国
- ◆農業は適地適作
- ◆バイオテクノロジー，企業的な農業（きぎょう）
- ◆サンベルトに ICT（情報通信技術）
  - ・シリコンバレー

カナダ
- ◆英語，フランス語が公用語

メキシコ，中央アメリカ
- ◆アメリカへの移民＝ヒスパニック
- ◆アメリカの企業が工場を移転

・アメリカ，カナダ，メキシコ間の NAFTA（北米自由貿易協定）
→ 2020 年 USMCA が発効

・もともと先住民が住む
→ 15 世紀以降，ヨーロッパからの移民
→アフリカからの奴隷
→多民族社会

・センターピボットかんがい
・フィードロット
・世界の食料庫

・20 世紀半ば，五大湖周辺では鉄鉱石が採れ，ピッツバーグは鉄鋼業，デトロイトは自動車工業の中心

◎資料でおぼえる！

▼北アメリカ州

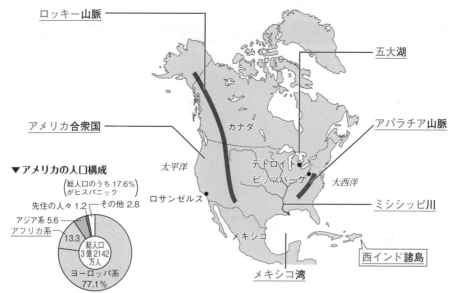

ロッキー山脈　五大湖　アメリカ合衆国　カナダ　アパラチア山脈　太平洋　デトロイト　ピッツバーグ　大西洋　ロサンゼルス　ミシシッピ川　メキシコ　西インド諸島　メキシコ湾

▼アメリカの人口構成

（総人口のうち 17.6％ がヒスパニック）

先住の人々 1.2 ── その他 2.8
アジア系 5.6
アフリカ系 13.3
総人口 3億2142万人
ヨーロッパ系 77.1％

◎まとめておぼえる！

南アメリカ州の特色

◆先住民，移民，奴隷（どれい）など ● ─── ・先住民，ヨーロッパ人，アフリカの人々，日本からの移民→文化が混じりあう

◆<u>バイオエタノール</u>の生産が盛（さか）ん ●

オセアニア州の特色

・焼畑農業，熱帯雨林の開発
・銅鉱石，鉄鉱石，ボーキサイトなど

◆オーストラリア，ニュージーランドなど

◆イギリス→<u>アジア</u>の国々との関係が密に

◆<u>多文化社会</u>，多様な民族の共存 ● ─── ・各地の先住民
オーストラリア→<u>アボリジニ</u>
ニュージーランド→<u>マオリ</u>

◎資料でおぼえる！

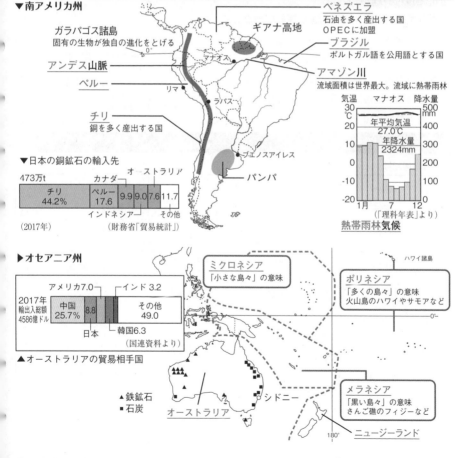

▼南アメリカ州

ガラパゴス諸島
固有の生物が独自の進化をとげる

ベネズエラ
石油を多く産出する国
OPECに加盟

ギアナ高地

ブラジル
ポルトガル語を公用語とする国

<u>アンデス山脈</u>

マナオス

<u>ペルー</u>

リマ

ラパス

アマゾン川
流域面積は世界最大。流域に熱帯雨林

<u>チリ</u>
銅を多く産出する国

ブエノスアイレス

パンパ

▼日本の銅鉱石の輸入先

473万t

| チリ 44.2% | ペルー 17.6 | 9.9 | 9.0 | 7.6 | 11.7 |

カナダ　オーストラリア
インドネシア　その他

（2017年）　（財務省「貿易統計」）

気温　マナオス　降水量

年平均気温
27.0℃
年降水量
2324mm

（「理科年表」より）
<u>熱帯雨林気候</u>

▶オセアニア州

ミクロネシア
「小さな島々」の意味

ハワイ諸島

ポリネシア
「多くの島々」の意味
火山島のハワイやサモアなど

| 中国 25.7% | 8.8 | | その他 49.0 |

アメリカ7.0　　インド 3.2
日本　韓国6.3

2017年
輸入総額
4586億ドル

（国連資料より）

▲オーストラリアの貿易相手国

▲鉄鉱石
■石炭

<u>オーストラリア</u>

シドニー

メラネシア
「黒い島々」の意味
さんご礁のフィジーなど

<u>ニュージーランド</u>

教科書
p.140～p.155

◎まとめておぼえる！

地形図の読み取り方①

◆地形図…国土交通省の<u>国土地理院</u>が作成,
発行

◆<u>縮尺</u>…実際の<ruby>距離<rt>きょり</rt></ruby>を縮めた割合

　５万分の１, ２万5000分の１など

　実際の距離＝地形図上の長さ×縮尺の分母

◆<u>方位</u>…特に表記がない場合は上が<u>北</u>

◆<u>地図記号</u>…地形図上に建物，土地利用，
交通路などを記号で示したもの

> ・縮尺が大きいほど広い範囲を示す
> ・２万５千分の１での１cmは実際
> 　には250m

> ・４方位，８方位など

> ・地図記号は地形図の発行年や種類
> 　で変わる

地形図の読み取り方②

◆<u>等高線</u>…海面からの高さが等しい地点を結
んだ線

◆尾根…山頂から見て張り出している

◆谷…山頂から見てＶ字に曲がっている

◆断面図…地形図の等高線をもとにして，２
地点の切り口をえがいたもの

> ・等高線の間隔がせまいと傾斜が急
> 　広いとゆるやか
> ・等高線の途中の数字は標高を示す
> ・太い線…計曲線
> 　細い線…主曲線

◎資料でおぼえる！

▼主な地図記号

土地利用	田	‖　‖ 　‖　‖	畑	⌄　⌄ 　⌄　⌄	果樹園	○　○ 　○
	茶畑	∴　∴ 　∴　∴	広葉樹林	○　○ ○　○	針葉樹林	∧　∧ 　∧
	竹林	⻤　⻤ 　⻤	ささ地	⇞　⇞ 　⇞	荒れ地	ᵼᵼ ᵼᵼ ᵼᵼ ᵼᵼ

建物・施設	建物	▰▱ ▰▰	<u>市役所</u> 東京都の区役所	◎	町村役場 指定都市の区役所	○	官公署	⊙
	<u>交番（左） 警察署（右）</u>	✕ ⊗	消防署	Ｙ	郵便局	⊖	発電所・ 変電所	✸
	小・中学校	文	高等学校	⊗	病院	⊞	<u>老人ホーム</u>	介
	<u>神社</u>	干	寺院	⨶	図書館	〔◫〕	<u>博物館・ 美術館</u>	血
	記念碑	〇	風車	✦	城跡	凸	墓地	土
	三角点	△	水準点	▣	灯台	✵	漁港	⚓

第3編
第2章　日本の地域的特色と地域区分

◎まとめておぼえる！

日本の地形，周辺の海

◆変動帯…火山，地震の活動が活発

◆フォッサマグナ…地形が東西で異なる

◆暖流…対馬海流，黒潮（日本海流）

◆寒流…親潮（千島海流），リマン海流

人口・資源・エネルギー

◆少子高齢化が進行，過疎，過密の問題

◆鉱産資源を輸入に頼る

産業・交通

◆臨海型の工業地域…太平洋ベルトに集中

◆第三次産業につく人が7割以上

・環太平洋地域とアルプス山脈～ヒマラヤ山脈～インドネシアの2つ

・潮目…暖流と寒流がぶつかる場所

・人口ピラミッド…男女別，年齢別の人口構成を示したグラフ
発展途上国…富士山型
先進国…つりがね型，つぼ型

・日本は火力発電が大半
・再生可能エネルギー…風力，太陽光など

◎資料でおぼえる！

▼日本の山地・山脈

▲主な火山

0　400km

オホーツク海

日高山脈
出羽山地
有珠山
北上高地
日本海
飛驒山脈
奥羽山脈
越後山脈
浅間山
九州山地
中国山地
富士山
フォッサマグナ
太平洋
赤石山脈
四国山地
阿蘇山
雲仙岳
木曽山脈
霧島山
桜島　東シナ海
紀伊山地

▼日本の河川・平野

■平野・平地

0　400km

石狩平野
根釧台地
庄内平野
十勝平野
最上川
山形盆地
北上川
庄川
信濃川
仙台平野
淀川
越後平野
江の川
利根川
関東平野
筑後川
吉野川
紀ノ川
荒川
木曽川
富士川
宮崎平野
筑紫平野
濃尾平野

▼日本の気候区分

0　400km

135°　130°　140°　145°

日本海側の気候
・冬は降雪が多い

瀬戸内の気候
・夏の降水量がやや少ない

北海道の気候
・冷帯の気候

太平洋側の気候
・冬は晴れが多い

中央高地の気候
・冷帯に近い

南西諸島の気候
・亜熱帯

◎まとめておぼえる！

九州地方の自然

◆火山，阿蘇山の**カルデラ**，**シラス台地**

◆南西諸島は亜熱帯，**台風**，さんご礁

◆**沖縄県**はさんご礁などを観光に生かす

九州地方の農業 …北部は稲作，南部は畑作

◆**筑紫平野**で稲と小麦などの**二毛作**

◆宮崎平野で野菜の促成**栽培**

◆シラス台地で**畜産**

九州地方の工業と環境

◆**北九州工業地域**…近代的な重工業発祥

◆かつて熊本県水俣市で**水俣病**

中国・四国地方の特徴

◆**山陰**，**瀬戸内**，**南四国**の三つの区分

◆**瀬戸内工業地域**…海上輸送に適する

　→重化学工業が発展

中国・四国地方のつながり

◆**本州四国連絡橋**…瀬戸大橋など

◆広島市…中国地方の地方中枢都市

◆**山陰**，南四国で**過疎**が進む

・火山の恵みを生かした産業
温泉，地熱発電

・鹿児島，宮崎で肉牛，豚，肉用若鶏

・筑豊炭田，八幡製鉄所
・現在は機械工業，自動車生産

・四大公害の一つ，水質汚染が原因

・季節風の影響を受ける気候

・岡山県倉敷市などに石油化学コンビナートが形成

・児島・坂出（瀬戸大橋），神戸・鳴門，尾道・今治（しまなみ海道）の3ルート

・原子爆弾の被害
原爆ドームは世界遺産（文化遺産）

◎資料でおぼえる！

▼九州地方

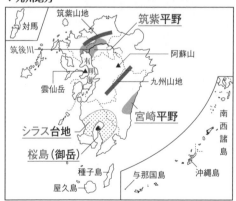

▼中国・四国地方

第3編
第3章3節　近畿地方

教科書
p.209~p.219

◎まとめておぼえる！

近畿地方の自然

◆ <u>琵琶湖</u>，<u>淀川</u>，<u>大阪湾</u> ●━━━━

◆ <u>志摩半島</u>，<u>若狭湾</u>は<u>リアス海岸</u> ●━━

◆ 1995 年に<u>阪神・淡路大震災</u>

・琵琶湖では，生活排水などによる<u>赤潮</u>の発生，外来生物の繁殖などの環境問題

・志摩半島では<u>真珠</u>の養殖

近畿地方の産業と都市

◆ <u>大阪大都市圏</u>…私鉄が住宅地を開発 ●━━

◆ <u>阪神工業地帯</u> ●━━

◆ 臨海部の工場跡地を<u>再開発</u>

◆ 神戸のポートアイランド， ●━━

　大都市圏の郊外に住宅地，ニュータウン

◆ ニュータウンの<u>高齢</u>化が課題

・商業地や行楽地と住宅地が鉄道で結び付くまちづくり

・高い技術をもつ中小企業も

・丘陵地をけずった土で<u>うめ立て</u>

歴史的町並みの保存

◆ 京都…<u>江戸</u>時代までの都→歴史的な景観が

　観光資源となっている ●━━

・歴史的な町並みを守る取り組み…建物の<u>高さ</u>や<u>デザイン</u>を規制

変化する農村

◆ <u>紀伊山地</u>の林業…吉野すぎなど ●━━

◆ <u>過疎</u>化が課題

・外国産の安い木材と競争で衰退

◎資料でおぼえる！

▼ 近畿地方

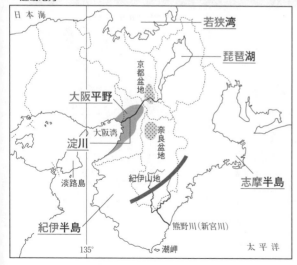

▼ 景観に調和する店（京都）

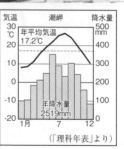

（「理科年表」より）

東京書籍版　社会地理

13

◎まとめておぼえる！

中部地方の自然

◆ **日本アルプス**…飛騨，木曽，赤石山脈 ○

◆ <u>濃尾平野</u>に<u>輪中</u>

◆ 東海，中央高地，北陸の三つの区分

○ ・「<u>日本の屋根</u>」ともよばれる

○ ・<u>四日市</u>市の石油コンビナート
・<u>豊田市</u>の<u>自動車</u>

東海

◆ <u>名古屋大都市圏</u>

◆ <u>中京工業地帯</u> ○

◆ <u>施設</u>園芸農業 ○

◆ <u>東海工業地域</u> ○

○ ・野菜の近郊栽培，静岡の<u>茶</u>
・渥美半島の電照菊

中央高地

◆ <u>扇状地</u>で<u>養蚕</u>，現在は果樹<u>栽培</u>

◆ 高原野菜を気候を利用して作る

◆ <u>精密機械工業</u>→電子機器

○ ・浜松市で楽器，二輪車
・富士市で製紙業

北陸

◆ 日本有数の水田地帯，<u>早場米</u>

◆ <u>伝統的工芸品</u> ○

◆ 農家の冬の副業として<u>地場産業</u>が発達 ○

○ ・小千谷ちぢみ，輪島塗，越前和紙
など

○ ・富山の売薬，
<u>鯖江市の眼鏡</u>フレーム

◎資料でおぼえる！

▼中部地方

▼中部地方の地域区分

※三重県を東海にふくめる場合もあります

◎まとめておぼえる！

関東地方の自然

◆関東平野…火山灰が堆積した<u>関東ローム</u>という赤土が台地をおおう

◆冬は乾燥，<u>からっ風</u>○

◆<u>ヒートアイランド現象</u>…気温が周囲よりも高い

・南部の海沿いは冬でも温暖…野菜などを栽培

東京と人々の暮らし

◆東京は日本の<u>首都</u>…政治の中枢機能，企業の本社，商業施設などが集中

◆新幹線，高速道路，<u>東京国際空港</u>（羽田空港），成田国際空港などで，国内，国外と結び付く<u>世界都市</u>

◆<u>東京大都市圏</u>…多くの人が通勤・通学○

◆東京の機能を分散○

◆都心部で再開発が進む

・国会議事堂，最高裁判所など
・情報通信産業も集中…報道機関，出版社，広告会社

・成田国際空港…日本有数の貿易港
・在留外国人数は東京が1位

・昼間人口と夜間人口に大きな差
・過密にともなう都市問題

・横浜みなとみらい21，幕張新都心，さいたま新都心

関東地方の産業

◆<u>京浜工業地帯</u>，<u>京葉工業地域</u>

◆<u>北関東工業地域</u>…北関東自動車道○
→茨城港から輸出

◆東京大都市圏向けの<u>近郊農業</u>，畜産畑作・畜産が盛んな地域は郊外へ○

・内陸の高速道路沿い

・群馬県の<u>嬬恋村</u>…高原野菜

◎資料でおぼえる！

▶関東地方

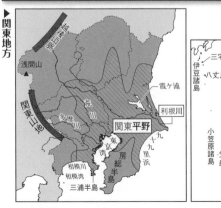

▼出版業の東京への集中

東京都

全国
4809
事業所

56.0
％

（2012年）
（経済センサス活動調査　平成24年）

◎まとめておぼえる！

東北地方の自然

◆平地は米作り，盆地は果樹栽培が盛ん

◆北上高地の東の三陸海岸…リアス海岸

　　三陸海岸沖に潮境…魚が集まる漁場

◆太平洋側…夏のやませで冷害も

年中行事と変化

◆伝統行事や夏祭りが観光資源

東北地方の工業

◆伝統的工芸品

◆工業団地の誘致

北海道地方の自然 …冷帯(亜寒帯)の気候

北海道の歴史

◆明治時代，開拓使，屯田兵

◆各地にアイヌ語由来の地名

北海道の産業 …日本の食料基地

◆十勝平野…畑作，根釧台地…酪農

◆北洋漁業，水産加工業

・さくらんぼ，洋なし，ももなど

・養殖業が盛ん
・2011年の東日本大震災による大きな被害

・「男鹿のナマハゲ」…重要無形民俗文化財

・南部鉄器，天童将棋駒

・高速道路沿いに進出，出かせぎの減少

・太平洋側で濃霧，オホーツク海に流氷

・石狩平野…客土による土壌改良
・異なる作物を順番につくる輪作を導入
・観光業も重要な産業

◎資料でおぼえる！

▼東北地方

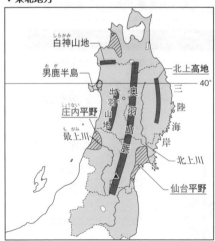

▼北海道地方